서울 해방일지

서울 해방일지

김명주 지음

아빠토끼

프롤로그:

서울을 벗어나, 해방을 꿈꾸다

어느 날 문득, 우리 시대를 지배하는 '선택과 집중'이라는 말을 곱씹어 보았다. 이 말은 마치 쓰나미처럼 전국을 덮쳤고, 결국 '수도권 쏠림 현상'이라는 거대한 파도를 만들어냈다. 블랙홀처럼 모든 인프라와 인재를 빨아들이는 수도권, 그리고 한강 뷰 아파트에 사는 것이 인생의 궁극적 목표가 되어버린 젊은이들. 예부터 한양 입성이 꿈이었듯, 지금도 '서울'은 여전히 가장 고도화된 자원을 보유한 채 많은 이들의 동경의 대상이 되고 있다.

하지만, 이토록 일방적인 흐름 속에서 질문해야 한다. 우리는 정말 스스로의 삶을 선택하고 있는가? 아니면, 누군가 정해준 꿈을 향해 무심히 걸어가고 있는 것일까?

지방에서 태어나고 자란 나는, 우연한 기회로 강남의 오피스텔에서 살며 출퇴근을 하던 시절이 있었다. 이후 지방으로 발령을 받고 매달 서울을 오가며, 6년 동안 수도권을 오르내렸다. 그 과정에서, 내 마음 한켠에 조용히 자라나는 의문을 외면할 수 없었다. "과연, 이것이 진정한 삶인가?", "이 소중한 시간을, 매일 같이 이렇게 흘려보내야만 하는가?" 물론 서울은 화려했다. 빛나는 고층 빌딩, 넘쳐나는 기회, 끝없는 가능성. 그러나 그 이면에는 지친 영혼, 숨막히는 경쟁, 날마다 소모하는 삶이 있었다. 빛과 어둠을 동시에 품은 도시, 서울. 그 안에서 나는 왠지 나를 잃어가는 기분이 들곤 했다.

결국 우리가 진정으로 원하는 것은 풍요로운 삶과 행복한 일상이 아니던가. 그런데 왜 우리는, 더 큰 고통을 감내하며 스스로를 치열한 경쟁 속으로 내몰고 있는 걸까?

높은 연봉을 좇지만, 결국 높은 물가에 짓눌리는 삶. 그 모순을 왜 애써 외면했을까? 사회생활을 하며 만난 수많은 사람들 중, 진정으로 행복해 보이는 이들은 드물었다. 나 역시 마찬가지였기에 결국 사직서를 제출했다. 회사라는 울타리에 갇혀 더 넓은 세상을 보지 못하는 내 모습이 안타까웠고, 무엇보다 그때의 내 삶에는 정서적 여유가 절실히 필요했다.

2025년 현재, 나는 오랫동안 해온 전공을 과감히 바꾸고 디지털 노마드의 삶을 살고 있다. 물론 오프라인 강의도 병행하고 있지만, 이전의 회사 생활과 비교하면 시간적 여유가 훨씬 커졌다. 하지만 매일 같이 접하는 뉴스 속에서 '지역 소멸'이라는 단어를 마주할 때면, 가슴 한편이 무거워진다. 남의 일이라고만 생각했던 그 현상이, 이제는 위기의식으로 다가왔고 그 단어 자체가 주는 무게는 절대 가볍지 않다.

각 지방자치단체가 다양한 정책과 천문학적인 예산을 투입하며 지방의 불씨를 살리려 노력하고 있지만, 현실은 초저출산율 기록과 끊임없는 수도권 쏠림현상의 반복일 뿐이다. 이는 단순한 인구 이동이 아닌, 대한민국의 사회적, 경제적 구조에 깊이 뿌리내린 근본적인 문제다. 때로는 이런 생각이 들기도 한다. "거대도시화는 거스를 수 없는 시대의 흐름일까?", "나 역시, 결국 순응해야 하는 걸까?"

하지만 곧, 내 삶을 돌아본다. 그리고 단호히 말한다. "아니다." 나는 지방에서도 충분히 매력적이고 행복한 삶을 살아가고 있다. 노트북 하나로 전 세계 어디와도 연결될 수 있는 이 시대에, 꼭 서울에 있어야 성공한다는 생각은 그저 낡은 신화일 뿐이다. 모두가 서울에서 살 수는 없다. 누군가는 지방을 선택해야 하고, 그곳에서 새로운 가치를 창조해야 한다. 인간의 의지는 우리가 생각하는 것보다 훨씬 더 강력하다.

이 책은 단순히 지방을 찬양하기 위한 책이 아니다. 삶의 갈림길 앞에서 고민하는 이들에게, 서울만이 답이 아님을, 그리고 우리 모두에게는 스스로 삶을 선택할 힘이 있음을 전하기 위해 써 내려갔다. 수도권에 지친 이들, 서울이라는 환상에 매달리는 젊은이들, 지방을 위해 애쓰는 모든 이들에게, 이 글을 바친다. 더 나아가, 수도권과 지방이 함께 살아 숨 쉬는 미래를 바란다.

결국 우리가 의지할 곳은 환경이 아닌 우리 자신이다. 물론 환경이 우리를 만들기도 하지만, 어떤 환경에서든 무엇을 보고 들을지 선택하는 것은 우리 자신이니까. 서울에서의 삶이 모든 이에게 행복을 보장하지 않듯, 행복이란 결국 주관적이다. 서울을 향한 맹목을 버리고, 스스로를 해방하는 삶. 나는 지금, 서울이 아닌 곳에서 충분히, 그리고 깊이 행복하다.

앞으로 대한민국 곳곳에 혁신과 발전의 기회가 퍼지기를 바라며, 젊고 유능한 이들의 손끝에서 지방은 다시 살아날 수 있다. 그리고 이 작은 바람이, 변화를 일으키는 첫 번째 불씨가 되기를 진심으로 소망한다.

프롤로그
서울을 벗어나, 해방을 꿈꾸다   5

Part 0. 탈서울의 서막

서울이 아니어도 괜찮다	14
회사를 떠난 이유	26
나의 이름으로 사는 삶	36

Part 1. 서울을 벗어나면 생기는 것들

느려진 시간표	46
작아진 집, 넓어진 마음	76
돈의 흐름이 달라진다	92

Part 2. 삶의 속도가 바뀔 때 생기는 감정들

혼자여서 가능한 연결	116
고요 속의 정서	128
불안도 함께 줄어든다	136

Part 3. 일, 커뮤니티, 나의 일상 루틴

디지털 노마드의 현실	158
나를 알고 있는 사람들	194
지역에서 나를 설계한다는 것	210

Part 4. 지방이 준 확신

수도권 중심 사고에서 벗어나기	270
'지금 이대로도 괜찮다'는 말	280
혼자가 아닌 방식으로 사는 법	296

에필로그
317 서울이 아니어도 괜찮아, 정말로

Part 0.

탈서울의 서막

Chapter 1
서울이 아니어도 괜찮다

내가 지방을 택한 이유

#사실 선택한 건 아닌데, 난 앞으로도 여기서 살래

솔직히 말하면, 나는 지방을 선택한 적이 없다. 내 의사와는 상관없이 그저 그렇게 태어났을 뿐이다. 충청북도 충주에서 태어나, 음성으로 이사를 갔고, 고등학교는 강원도 홍천, 대학교는 충청남도 논산에서 다녔다. 그리고 마지막으로 다녔던 직장이 이유가 되어, 지금은 대전에 정착해 살고 있다.

본사가 서울에 있는 바람에 서울에 참 많이도 왔다 갔다 했다. 업무 특성상 한 달에 한 번은 늘 1박 2일의 일정으로 전국에 있는 강사들끼리 모이는 미팅이 반드시 필요했고, 종종 신제품을 런칭할때면 다른 국가의 강사들끼리 만나 4박5일을 내내 미팅을 보내기도 했다. 미팅이 끝나면, 테헤란로를 빠져나와 수서역으로, 수서역에서 대전역으로 2시간도 채 걸리지 않아 집에 도착했다. 놀랍게도, 내 복귀 시간은 서울 본사 직원들의 출퇴근 시간보다 빠를 때도 있었다. 서울이 절대적일 것 같았던 세상에서, 나는 지방에 살면서 불편함을 느끼지 않았다.

그러다 어느 날 코로나가 세상을 뒤흔들었다. 모든 미팅이 오프라인에서 온라인 미팅으로 전환되었다. 사실 지금 와서 생각해 보면, 1년여 동안 온라인으로 진행된 업무는 효율 면에서 별다른 차이가 없었다. 다만, 얼굴을 맞대고 웃고 떠들던 순간들이 아쉬웠을 뿐이다. 오히려, 코로나는 나에게 예상치 못한 기회를 안겨주었다. 본사에서는 온라인 교육과 새로운 디지털 프로그램들을 런칭했고, 그 변화의 물결은 지방에 있는 나에게도 동일하게 다가왔다. 그때는 몰랐다. 그 변화가, 나를 더 넓은 세상과 연결해 줄 거라는 것을. 그리고 지방에 살면서도, 이전보다 더 큰 기회를 잡을 수 있으리란 것을.

#지방에서의 근무가 불리하다고?

많은 대기업이 본사를 수도권에 두고 있고, 수도권이 아니면 불가능한 직종이 있다는 사실을 안다. 하지만 또 많은 기업이, 전국 곳곳에 지사와 지역 사무소를 두고 있으며, 그곳에서도 충분히 기회는 주어진다. 지역 분산화는, 기업의 생존을 위해서도 필요한 전략이기 때문이다. 내가 다녔던 회사도 마찬가지였다. 처음 이 회사에 입사할 때 아버지가 하셨던 말이 기억난다. "이왕이면 본사로 가는 게 낫지 않겠냐, 승진도 본사가 빠르다더라." 사실 내 생각도 그땐 아버지의 생각과 크게 다르지 않았다. 하지만 애초에 나는 대전지사로 지원했고, 대전에서 근무를 시작했다. 그리고 알게 됐다. 실상은, 우리가 생각하던 것과는 다르다는 것을.

오로지 개인의 능력에 따라 연봉과 승진이 결정되었고

본사 직원이냐, 지점 직원이냐는 중요하지 않았으며 현대의 인사 제도는 개인의 성과와 능력을 더욱 중시하기 시작했다. 기업에서의 공정성과 경쟁력을 유지하기 위해 이 또한 계속해서 변화하고 개선하고 있다. 그리고 코로나 이후, 상황은 더 급격히 변했다. 원격 근무의 확산, 네트워크 기술의 발전으로 '어디서 일하느냐'는 더 이상 개인의 성과를 가르는 기준이 아니었다.

앞으로도 기업은 개인에게 더 많은 선택의 자유를 주어야 한다. 기업의 효율성과 다원화를 촉진하기 위해서, 그리고 꺼져가는 지방의 불씨를 다시 살리기 위해서라도, 인사 제도는 반드시 변해야 한다. 지방에서 근무는 절대 불리하지 않다. 오히려, 더 적은 경쟁, 더 적은 교통 체증, 그리고 지역 사회의 탄탄한 결속력이 때로는 막강한 무기가 된다. 우리는 이미 알고 있었다. 서울이 전부가 아니라는 것을. 다만 누군가 먼저 말해주길 기다리고 있었을 뿐이다.

#사람 사는 게 다 거기서 거기지 뭐. 특별함만 찾지 마

사람 사는 건 결국 다 거기서 거기였다. 그렇게 마주하기 불편하고 어려운 존재였던 회사 대표님도 집에서 키우는 말티즈 사진을 보여주며 환하게 웃던 아저씨였다. 회사에서 받은 스트레스는 마음 맞는 동료들과 소주 한 잔, 상사 뒷담화 몇 마디에 풀렸다. 새벽 출장을 가기 위해 대전역에 도착하면, 이미 많은 이들이 하루를 시작하고 있었다. 특출나게 특별한 삶은 없다. 누구에게나 고충이 있고, 누구나 때로는 울고, 때로는 웃고, 때로는 주저앉고, 또다시 일어선다. 그저, 둘러보면 알 수 있다. 다들 참, 열심히 살아가고 있다는 것을.

근데 이상하다. 2024년 현재, 우리나라의 고용률은 63.5%. 청년층의 고용률은 46.6%에 불과하다. OECD 평균이 69.9%인 것을 생각하면, 참으로 낮은 수치다. 그런데 더 기이한 건 이 수치가 해마다 더 나빠지고 있다는 점이다. 청년 인구는 줄고 있는데, 기업은 일할 사람이 없다고 말한다. 정작 일하고 있는 청년층의 비율도 계속해서 줄어들고 있다. 수치는 점점 어두워지는데, 문제의 뿌리는 어디에서부터 시작된 걸까.

더 놀라운 건, 우리나라의 대학 진학률이 OECD 국가 중 1위라는 사실이다. 이토록 많은 젊은이가 대학교 문턱을 넘고 있음에도, 취업은 점점 더 어려워지고, 높은 학력이 더 나은 삶의 가능성이라는 그 믿음은 이제 무기력한 기대가 되어버렸다. 실력은 보기도 전에 서류에서 걸러진다. 더 많은 기회가 있을 거라 믿으며 스펙을 쌓는 동안 나이를 먹고, 기업은 인재가 없다며 쉴 틈 없이 공고를 낸다. 그 누구도 웃지 못하는, 완전히 틀어져 버린 기묘한 평행선 같다. 청년이 열심히 하지 않아서가 아니라, 사회가, 구조가, 제도가 이들을 제대로 품지 못해서가 아닐까.

#공부도 좋은데, 난 사회에서 배운 게 더 많아

사회생활을 하면서, 참 많은 사람을 만났다. 누군가는 일은 잘했지만, 사회성이 부족했고, 또 다른 누군가는 일은 더뎠지만, 인간관계 하나는 탁월했다. 돌아보면, 내 인생의 절반은 책이 아니라 사회 속에서 배웠다. 사고의 확장도, 시야의 전환도 대부분 사회생활을 통해 얻은 것이다. 돈을 주고도 살 수 없는 것들. 오로지 몸으로 부딪치고, 때로는 울고, 때로는 웃으며 배운 값진 경험들. 사회성, 문제 해결 능력, 인간관계. 이것들은 절대 책상 앞 공부로 얻을 수 없는 영역이다. 특히 사회에서 겪는 성공과 실패, 인정받고 무시당하는 순간들 속에서 균형을 찾아가는 일은, 살아가는 데 있어 무엇보다 중요한 능력이다. 나는 단지 많은 청년들이 이를 배워나갈 소중한 기회를 놓치지 않기를 바랄 뿐이다.

살아보니 몸부림을 쳐도 안 되는 게 있었고, 뜻하지 않은 상황이 오히려 나를 더 좋은 곳으로 데려다주기도 했던 것 같다. 대전이라는 곳에, 그저 직장 하나를 이유로 정착했다. 그러나 여기서 살아가며 얻은 경험들, 그리고 사회생활을 통해 느낀 깨달음들이 지금 이 책을 쓰게 만들었다. 미용이 전부라고 믿었던 나에게, 책을 쓴다는 일은 상상조차 하지 못했던 일이었다. 계획에도 없었던 정반대의 길이었다. 하지만, 이 길 위에 있는 지금이 가장 나다운 것 같다. 그리고 가끔은 내가 누리는 지금 이 시간은, 작은 어긋남이 가져다준 선물일지도 모른다고 생각한다.

#단순한 정책을 넘어선 그 무언가

지방에서의 기회 역시, 개인의 능력과 열정, 그리고 지속적인 배움에서 비롯된다. 하지만 그것만으로는 부족하다. 젊은이들이 지방에서도 꿈꾸고, 그 꿈을 실현할 수 있다는 확신이 필요하다. 그리고 그 확신은 말이 아니라, 눈으로 보고, 몸으로 느낄 수 있는 환경에서 비롯된다. 아직도 많은 청년이 서울행을 택하는 이유는 단순하다. 지방에서는 성공할 수 있다는 이야기를 듣기 어렵기 때문이다. 성공 사례가 없다기보다는, 그 사례들이 너무 조용히, 너무 멀리에서만 존재하기 때문이다. 이제 지자체는 단순한 정착 지원금이나 주거 보조금에 머물러서는 안 된다. 진짜 필요한 것은 삶의 기반이다.

예를 들어, 지역 특화 산업과 연계된 스타트업 인큐베

이팅 시스템, 지역 기업들과 협업한 안정적인 일자리, 청년들이 원하는 문화와 여가를 누릴 수 있는 공간들. 그리고 그 속에서 새로운 사람을 만나고, 새로운 기회를 발견할 수 있는 지역 커뮤니티. 이것이 지방을 진짜 '살아있는 공간'으로 만든다.

또한 중요한 것은, 이미 지방에서 자신만의 길을 개척한 사람들의 이야기를 더 많이, 더 널리 알려야 한다는 점이다. "나도 저 사람처럼 이곳에서 시작할 수 있겠구나." 청년들에겐 그런 실질적인 롤모델이 필요하다. 이제는 단기적인 수치나 눈에 보이는 성과에 매달릴 때가 아니다. 장기적인 시선으로, 지역의 생태계를 만들어야 한다. 실패를 두려워하지 않아도 되는 분위기, 실패해도 다시 일어설 수 있는 안전망, 그리고 성공했을 때는 그 경험을 함께 나눌 수 있는 플랫폼. 이 모든 것이 함께 조성되어야 한다.

이제, 지방은 더 이상 어쩔 수 없는 선택지로 머물러서는 안 된다. 밀려난 공간이 아니라, 새로운 가능성이 되어야 한다. 그 가능성을 현실로 만드는 일은 결국, 정부와 지자체가 얼마나 진심으로 움직이느냐에 달려 있다. 지방의 불씨를 되살리는 일은 단순히 행정적인 균형을 맞추기 위한 과제가 아니다. 그것은 대한민국이 앞으로 나아갈 새로운 방향을 찾는 일이며, 침체한 구조 속에서 다시 한번 성장의 불을 지피는, 본질적인 변화의 시작이다. 그리고 이 변화는 선택이 아닌, 우리가 함께 만들어가야 할 필연이다.

"길을 떠난 건 두려움이 아니라,
나를 향한 믿음이었다."

Chapter 2
회사를 떠난 이유

회사를 박차고 선택한

또 다른 삶

#퇴사할 준비를 하기 시작했고, 결국 해버렸지

　마지막 회사를 처음 입사했을 당시, 나는 회사 로고만 봐도 설레었고, 사원증을 참 보물처럼 여겼었다. 그리고 그 당시 내 꿈은 그냥 단순히 커리어 우먼이었다. 당시 내가 닮고 싶던 커리어 우먼은 함께 근무했던 팀장님이었고, 어렸던 나는 그 꿈을, 단순히 회사에서만 이룰 수 있을 거라는 안일한 생각에 갇혀있었다. 하지만 10년이라는 사회생활 기간 나는 참 많이도 성장했고, 많이도 달라졌다.

그리고 어느 날 문득, 내가 앞으로 평생, 이 일을 즐기며 할 수 있을까? 정말 회사가 내 미래를 책임져 줄 것인가? 라는 생각과 함께 내가 진정 원하고 추구하는 것에 대한 범위가 넓어지기 시작했다. 단순히 회사에서 인정받고, 승진하고, 연봉이 높아지는 것만을 꿈꾸던 나는 어느새, 일을 하며 느끼는 성취의 즐거움마저 무뎌지고 있었다. 불안했다. 답답했다. 그리고 끝없이 고민했다. 그래서, 나는 회사에 다니면서도 다양한 마케팅 서적을 읽고, 강의를 들으며, 조금씩, 조금씩 다른 세상을 준비했다.

이상하게도 더 이상 회사와 함께할 수 없다는 판단이 들기 시작했다. 결국 나는 퇴사를 결심했다. 오래 함께했던 사람들과 서로를 끌어안고, 참 많이도 울면서 회사를 떠났다. 내가 그렇게 울었던 이유는 단 하나였다. 이 멋진 사람들과 더 이상 하루를 함께할 수 없다는 것. 그것만이 아쉬웠다. 그리고 지금, 그들과 함께했던 시간은 내게 여전히 영광으로 남아 있다.

#계급과 권력, 그리고 진정한 기회

회사에 다니며 다양한 계급을 만났고 다양한 계급을 경험했다. 말단 사원에서 대리, 그리고 과장까지의 과정을 겪으며 더 높은 계급들의 권력에 부당함을 느꼈던 일도 적지 않았다. 그들은 종종 회사가 아닌, 자신들에게 유리한 규칙이나 정책을 만들어냈다. 당연한 일이다. 우리는 어쩔 수 없이 늘 계급 사회 속에 살고 있으니까. 하지만, 그 부당한 규칙과 정책들은 직원들의 의욕을 떨어뜨리며 조직문화에 불신과 불만을 가져다줄 뿐이었다. 점점 병들어가는 조직. 피할 수 없는 현상이지만 피하고 싶었다. 어쩌면 진절머리가 났는지도 모르겠다.

그렇게 선택한 지금의 이 일을 하며 나는 전보다 훨씬 더 빠른 속도로 나다운 삶을 찾아가고 있다. 어떻게 살면 나다운 삶을 살 것인가를 곰곰이 고민해 보니, 가장 큰 문제는 당연히 돈과 일자리였다. 막막했지만 일단 했다. 닥치는 대로 할 수 있는 걸 했다. 만약 내가 무작정 퇴사를 하고, 수도권으로 올라가 그곳에서 기회를 찾고 있었다면 나는 지금 이 책을 쓰고 있을까? "오로지 돈과 일자리만을 위해 서울에 있어야 한다."라는 생각은 어쩌면 악의 순환 고리일지도 모르겠다.

대도시만이 성공을 보장한다는 믿음. 그 믿음은 사람들을 끌어모으고, 더 높은 생활비와 더 치열한 경쟁 속으로 몰아넣는다. 기회는 점점 줄어든다. 그리고 우리는 점점 지쳐간다. 진정한 자신을 찾는다는 것은, 외부 조건에 의존하는 것이 아니다. 진짜 중요한 것은, 내 안의 소망을 들여다보는 것. 돈과 일자리는 물론 중요하다. 그러나 그것이 삶의 전부는 아니다. 그 사실을, 우리는 이제 인정해야 한다.

#어? 이런 세상도 있네?

사실 퇴사를 하고 나서는 적어도 1년쯤은 푹 쉬고 싶었다. 그래서 해외여행을 예약하고, 수많은 드라마와 영화를 몰아보며, 가족들과도 단란한 시간을 보냈다. 며칠 동안은 그저 행복했다. 아무것도 하지 않는 자유로움이 달콤했다.

며칠이나 지났을까, 금세 무료함을 느꼈다. 바로 사업자를 내고, 해외 구매대행 사업을 시작했다. 다양한 사이트들 덕분에 큰 무리가 없었고, 가구, 조명, 스키복 판매로 하루하루가 어떻게 지나갔는지 모를 정도로 바빴다. 그러다 예약한 해외여행 날이 다가왔다. 문제는 그때부터였다. 느린 해외 배송 탓에 수도 없는 고객 문의에 시달려야 했다. 머리가 지끈지끈 아파졌다. 결국 한국으로 돌아온 뒤 나는 해외 상품 소싱을 멈추고, 전자책을 집필하기 시작했다.

집필 이후, 이를 발판 삼아 여러 가지 프로젝트로 이어졌다. 눈에 보이는 성과가 나타나자, 해외 구매대행은 잠정 중단했다. 생각해 보면, 이 모든 변화는 아주 사소한 순간에서 시작되었는지도 모른다. 회사에 다니며 문득 들었던 작은 고민, 그리고 무심코 들었던 강의 하나. 그때부터 내 인생의 방향이 조금씩 달라지기 시작했다. 지금 나는 오로지 내 일을 나 스스로 선택해서 하고 있다. 내 시간을, 내가 원하는 방식으로 쓰고 있다. 이 많은 일들을 겪으며, 내가 가장 자주 했던 생각은 이것이다. "어? 이런 세상도 있네?" 나는 꽤나 많은 것들을 놓치고 살아가고 있었다. 그리고 이제야, 비로소 나의 세상을 다시 찾아가고 있다.

#만약 기회가 주어진다면, 다시 회사로 돌아갈 거야?

사람들은 종종 내게 묻는다. "만약 다시 회사로 돌아갈 기회가 있다면, 돌아갈 거야?" 내 대답은 단호하다. 절대로, NO. 물론, 회사를 통해 얻은 경험들이 지금의 나를 만들었다는 건 부정하지 않는다. 보고서 하나 쓰는 법부터, 사람들과 부딪히며 일하는 방식까지. 그 시간이 있었기에 지금 이 책도 가능했다. 하지만, 나는 회사를 떠나서 더 많이 성장했다. 회사에서의 시간은 밑거름이었고, 지금의 시간은 뿌리가 되어준다. 그 뿌리를 나는, 이제 스스로 키워가고 있다.

계획은 빗나가고, 예상은 틀리고, 마음먹은 대로 되지 않는 일이 허다한 인생에서 우리는 현실에 안주해서는 안 된다. 편안함에 익숙해진 순간, 세상이 변할 때 받게 되는 데미지는 생각보다 훨씬 크다. 대비책이 없다면, 다시 일어서는 데는 더 많은 시간과 더 큰 노력이 필요하다. 우리는 그 사실을 어렴풋이 알고 있다. 나 역시 퇴사 이후, 마냥 담담하지만은 않았다. 두려움은 분명히 있었다. 불확실성이 늘 따라붙었다. 하지만 나는 나를 믿었다. 그리고 나를 믿어주는 사람들이 있었다. 무엇보다, 변화는 불안을 동반한다는 사실을 알고 있었다. 그래서 더 많이 공부했고, 더 치열하게 준비했다. 내 인생의 흐름을 내가 완벽히 통제할 수는 없다. 하지만 분명한 건, 앞으로 나아가려는 의지, 지금보다 더 나은 나를 만들고자 하는 마음이다. 그 마음만은, 변화의 파도 속에서 나를 끝까지 지탱해 줄 가장 강력한 힘이다.

#한심했던 나의 워라밸

나는 한때 워라밸에 목숨을 걸었었다. 초과 근무시간이 너무나도 싫었고, 주말에 워크숍을 간다는 소식에 치를 떨었으며 내 시간이 너무나도 중요했다. 웃긴 건, 그렇게 워라밸을 외치던 내가 막상 퇴근 후 집에 와서 하던 일은 고작 쇼츠 영상을 보거나 TV를 보는 일이 전부였다는 사실이다. 그리고 나는 그게 진정한 휴식이라고, 회사로부터 받은 '달콤한 선물'이라고, 스스로 합리화했다. 자기 계발은 없었다. 배움도 없었다. 그저 하루를 흘려보내는, 무의미한 시간뿐이었다. 돌아보면, 그때 나의 워라밸은 한없이 한심했으며 나태한 삶의 표본이었다.

뼈 때리는 강연으로 유명한 댄 페냐(Dan Peña)는 이렇게 말했다. "세상을 만든 사람들도 워라밸이 없는데, 도대체 당신은 왜 워라밸을 기대하는가?" 부정하고 싶지만, 인정할 수밖에 없다. 세상을 혁신적으로 바꾼 이들, 자기 일로 부와 명성을 얻은 이들은 워라밸을 외치지 않았다. 그들은 다만, 자신이 해낸 노력과 몰입을 이야기할 뿐이었다.

회사를 그만두고, 내 시간을 스스로 쪼개 쓰기 시작한 지금, 나는 더 이상 워라밸을 외치지 않는다. 오프라인 강의를 준비하고, 강의 자료를 만들고, 관련 미팅을 다니며, 블로그 글을 쓰고, SNS를 키우고, 그리고 또 책을 집필한다. 책을 쓸 때면, 몇 시간이고 해가 뜨는지도 지는지도 모르고 한자리에 앉아 몰두한다. 이제는 깨닫는다. 딱히 이뤄놓은 것도 없으면서 워라밸을 외치던 그때의 내가 얼마나 부끄럽고 창피한 존재였는지를.

우리에게 있어 진정한 워라밸이란, 그저 휴식을 위한 삶이 아니다. 단순한 일과 여가의 균형을 넘어, 내 귀한 시간 속에서 얼마나 스스로에게 충실한가. 그것이 진짜 워라밸이다. 일과 성취, 창작과 배움, 이 모든 것을 유기적으로 연결하며 살아가는 것. 그리고 그렇게 살아가는 삶이야말로 진짜 의미 있는 인생이라는 것을. 이제, 조금은 알 것 같다.

Chapter 3
나의 이름으로 사는 삶

회사원 vs 프리랜서

#알람 시계부터 전부 꺼버렸다

　회사를 그만두고, 내 삶에는 수많은 변화가 찾아왔다. 아니, 변화라기보다 삶이 통째로 달라졌다고 말하는 게 더 정확하다. 첫 번째로 한 일은 모든 알람을 해제하는 것이었다. 초반 몇 달은 책을 쓰고, 홈페이지를 운영하면서 자고 싶을 때 자고, 일어나고 싶을 때 일어났다. 과거, 새벽 출장이 일상이던 나의 알람은 빠르면 새벽 4시부터 울렸다. 한 번에 일어나지 못하는 나는 항상 5개 이상의 알람을 맞춰

놓고 잠에 들곤 했다. 쉴 틈 없이 깨우던 알람 소리가 사라진 아침, 그 조용한 세상은 마치 천국 같았다. 마치, 뗄 수 없는 존재를 잠시 떼어낸 느낌.

    정해진 계획표도 없었다. 누구에게 허락받지 않아도 되는 하루. 어떤 루틴도 강요받지 않는 시간 속에서 나는 자연스럽게 나만의 하루를 만들어갔다. 홈페이지를 관리하고, SNS를 운영하고, 글을 쓰는 일. 놀랍게도 이 모든 일들은 아무런 문제 없이 흘러갔다. 계획표가 없다고 일이 망가지는 건 아니었다. 그저 성향의 차이일 뿐이었다. 무엇보다 중요한 건, 모든 일이 '주도적으로' 바뀌었다는 사실이다. 누가 시켜서가 아니라, 해야 하는 일이니까 했을 뿐. 지금은 일이 많아지며 다시 알람을 설정하게 됐지만, 짧았던 그 '알람 없는 시간'은 내게 완전한 자유를 알려주었다. 다시 오지 않을, 오롯이 나로 존재했던 시간. 그 시간은 내게 세 가지를 가르쳐주었다. 나만의 리듬으로 일하는 방법, 나만의 속도로 생각하고 창조하는 방법. 그리고, 삶의 시간을 스스로 선택하는 것의 의미를.

#이름이 주는 힘

회사는 회사의 목표와 전략에 따라 움직인다. 팀 프로젝트, 회사 정책, 성과 평가 등 모든 것은 '회사'라는 이름 아래 이뤄진다. 그 안에서는 개개인의 일이 곧 조직의 일이고, 조직의 성장이 곧 나의 성장이었다. 하지만 프리랜서는 다르다. 스스로를 홍보하고, 네트워크를 구축하며, 사회적 보장과 기회까지 모두 스스로 찾아야 한다. 누군가가 대신 책임져주지 않는다. 도움을 청할 부서도, 문제를 덜어줄 팀도 없다. 회사는 그 이름 하나만으로도 내게 힘을 줬다. 브랜드 인지도는 나의 존재감을 지탱했고, 나는 소속된 안도감 속에서 일할 수 있었다. 하지만 회사라는 울타리가 사라진 순간, 나는 막막함에 휩싸였다. 불확실성은 내 숨을 조였고, 모든 책임이 오롯이 내 어깨 위에 놓여 있다는 사실을 시간 속에서 서서히 체감했다.

그리고 그 깨달음은, 내 인생에 거대한 전환점을 가져왔다. 책임의 무게는 곧 동기부여로 바뀌었고, 불확실함은 나만의 플랫폼을 구축해야 한다는 자각으로 이어졌다. 나는 지금 꽤 장기적인 프로젝트를 혼자서 꿋꿋이 이끌어가고 있다. 이 모든 과정을 겪지 않았다면, 여전히 울타리 안에 머물렀다면, 나는 과연 지금처럼 스스로를 확장하는 생각을 할 수 있었을까. 회사를 사랑했던 만큼 실망도 있었듯, 언젠가 내 일에 실망하는 날이 올지도 모른다. 하지만 그럼에도 불구하고 나는 안다. 지금의 나는, 내 이름을 걸고 살아가고 있다는 것. 내 이름이 곧 내 브랜드다. 누군가의 조직이 아니라, 나 자신을 대표하는 이름. 그 이름의 무게는 가볍지 않지만, 그 무게를 견디며 앞으로 나아가는 삶은 분명 가치 있다. 나는 오늘도, 내 이름이 가진 힘을 믿으며 한 걸음씩 나아간다.

#내가 이렇게 자율적인 사람이었다고?

학창 시절엔 정해진 시간표대로 살았고, 사회생활을 하는 동안에는 그저 시키는 일들만을 기계처럼 해왔다. 솔직히 말해서 나는 스스로 일을 찾아서 하는 스타일이 아니었다. 그랬던 내가 퇴사를 결심한 순간 필요하다고 느끼는 모든 것을 혼자 찾아 공부하기 시작했다. 생전 처음으로 사업자를 내고, 책을 썼으며 관심조차 없던 SNS를 스스로 필요에 의해 운영하기 시작했다.

어느 순간, 나는 깨달았다. 강제된 구조 속, 수동적인 일을 할 때와는 완전히 다른 사람이 되어 있었다는걸. 또한, 자율적으로 일을 하다 보니 얻은 것들이 꽤 많았다. 내 행동을 내가 스스로 선택하니, 자동으로 동기부여가 따라왔다고. 스스로 홈페이지를 꾸미고 이미지들을 제작하며 더 창의적인 방법들을 찾아냈다.

성과와 효율성도 달라질 수밖에 없었다. 자율성이 제공하는 동기부여는 생각보다 강력했고, 이곳저곳 응용하며 새로운 것들을 알아가는 재미는 생각보다 훨씬 짜릿했다. 실제로 연구에 따르면, 자율성을 느끼는 사람은 더 적은 스트레스, 더 높은 만족감과 행복을 경험한다고 한다. 나 역시 체감하고 있다. 단순한 자유를 넘어, 자신의 정신적 성장과 발달에 있어 자율성, 그리고 주도적인 삶은 결국 필수적인 요소였다. 나는 스스로 생각했던 것보다 훨씬 자율적인 사람이었다.

#그런데도 불구하고 이건 좀 그리워

늘 사람들 속에 섞여 있던 내가 어느 순간 혼자 덩그러니 남았다. 아침에 출근하면 동료들과 함께 마시던 커피를 이제는 혼자 마시고, 혼자 해결하기 힘든 일이 생겨도 예전처럼 도움을 청할 동료는 이제는 내 옆에 없다. 돌아보면, 지난 회사 생활에서 내가 가장 잘해왔던 것은 단연 인간관계였다. 우리 팀은 그 어떤 팀보다 분위기가 좋았고, 서로를 아끼고, 서로를 진심으로 챙겼다. 그래서일까. 퇴사한 지금도 우리는 꾸준히 연락하고, 가끔 얼굴을 보며 웃을 수 있다.

하루는 이상하게 홀로 앉아 글을 쓰는데 눈물이 났다. 그날은 유독 힘들고 외로웠나 보다. 그날 나는 이런 생각을 했다. 꿈을 향해 나아가는 길은 외로운 게 당연하며, 사람들 속에 섞여 있던 지난날의 나는 참 예쁘고 빛났다. 그렇다면 충분히 혼자서도 빛날 수 있는 존재가 아닐까? 나의 빛을 스스로 발견한 순간 나는 다시 한번 성장했다. 그날 느꼈던 감정들은 앞으로도 오랫동안 내 여정에 큰 힘이 되어줄 것이다. 그날 이후 난 더 이상 외로움이 두렵지 않으며 혼자 있는 시간을 더 사랑하게 되었다.

앞으로 나는, 외로움을 부정적인 감정으로만 바라보지 않을 것이다. 외로움 속에서 나 자신을 발견하고, 나와의 관계를 새롭게 쌓아갈 것이다. 그리고, 그럴 때마다 지금 내 곁에 있는 사람들에 대한 감사는 더 커지고, 더 깊어질 것이다. 역시, 외로움은 성장의 기회이자, 성장의 신호다.

Part 1.

서울을 벗어나면
생기는 것들

Chapter 1
느려진 시간표

의식주, 그리고
충만한 삶에 관하여

#언제 어디서나 원하는 옷을 살 수 있지 않은가?

한때, 나는 옷 사는 데에 푹 빠져 있었다. 특히 회사에서 걸어서 5분 거리에 백화점이 있었던 터라, 점심시간이나 사람이 적은 평일 낮을 이용해 자주 들렀다. 번잡한 공간을 싫어하는 내게 그 조용한 쇼핑의 시간은 소소한 행복이었다. 하지만 시간이 지날수록 출장이 잦아졌고 오랜 시간 대중교통을 타야 했다. 덕분에 자연스레 개인 짐을 줄이게 되었고, 아무리 옷이 많아도 결국 편하고 익숙한 옷만 찾았다. 나중엔 택조차 떼지 않은 옷이 옷장 안에서 그대로 발견되기도 했다. 그 순간 문득, "내가 뭐 하는 거지?" 하는 생각이 들었다. 몇 날 며칠을 들여 옷장을 정리하며, 비로소 정신을 차릴 수 있었다. 요즘은 회사에 다니지 않다 보니 옷을 사는 빈도도 눈에 띄게 줄었다. 쇼핑의 즐거움 대신, 물건 하나하나를 더 오래, 더 깊이 들여다보는 시간이 많아졌다. 달라진 건 단지 '소비 습관'이 아니라, 삶을 바라보는 태도였다. 더 많이 갖는 것보다, 더 잘 쓰는 것이 중요하다는 걸 조금씩 배우는 중이다.

우리나라에서 가장 옷값이 저렴한 곳은 서울 동대문이다. 도매시장으로 유명하지만, 일반 소비자들 또한 도매가로 구입할 수 있으며, 수많은 의류상점과 도매점이 밀집해 있는 만큼, 가격 경쟁이 치열하다. 하지만, 요즘 젊은이들은 단순히 저렴한 옷보다는 자신만의 선호 브랜드를 한두 개쯤 갖고 있다. 오히려, 대형 온라인 쇼핑몰들은 다양한 이벤트와 쿠폰을 수시로 제공하며 가격 경쟁을 벌인다. 같은 제품도, 클릭 몇 번이면 최저가를 바로 확인할 수 있는 시대다. 또한, 착장샷을 확인하고 싶어 하는 이들을 위해 동영상으로 제작된 상품 정보, 라이브 착용 모습까지 제공하는 사이트들이 점점 늘어나고 있다.

과거의 난 패션의 중심은 서울이고, 트렌드는 수도권에서만 생겨나는 것으로 생각했다. 하지만 꼭 그렇지만은 않았다. 아울렛도, 백화점도 지방 도시에 충분히 존재하고, 생각해 보면 내가 자라온 동네에도 옷 잘 입는 친구는 늘 있었다. 학교 복도에서 마주칠 때마다 눈길을 끌던 친구, 나름의 개성과 취향을 갖고 있던 그들은 서울에만 살지 않았다. 패션 감각은 서울에만 존재한다고 여겼지만, 그건 편견이었다. 서울은 트렌드의 '출발점'일 순 있지만, 그것이 전부는 아니다. 수도권에서 시작된 유행이 전국으로 퍼지는 과정에서 그 트렌드는 지역마다 다르게 해석되기도 하고, 또 다른 스타일로 새롭게 탄생하기도 한다. 이건 단순한 유행의 흐름이 아니라, 각자의 성향이 고스란히 반영되는 문화다. 누군가가 더 낫다거나, 덜 세련되었다고 말할 이유가 없다. 지금은 누구나 자신만의 스타일을 만들고, 자유롭게 표현하는 시대다. '멋'은 언제나, 어디에나 존재한다. 지방에도 있고, 골목에도 있고, 우리 일상에도 언제나 '멋'은 살아 있다.

#이커머스 그리고 퀵커머스의 시대

    누가 알았을까. 저녁에 온라인으로 장을 보면, 다음 날 새벽, 집 앞으로 신선한 식재료가 배송되는 시대에 살게 되리라고. 나 또한 이런 이커머스 사이트들로 장을 보고, 밀키트를 주로 이용하며 혼자 살며 요리에 서툰 나에게 반찬가게는 중요한 생활의 동반자가 되었다. 물론 빠른 배송은 아직 대한민국의 전 지역에서 가능한 일은 아니다. 배송 효율은 인구가 밀집한 지역이 높을 수밖에 없으며 수도권에서 멀어질수록, 혹은 인구가 적은 지역일수록 뒷순위로 밀리는 것은 너무나도 당연하다. 그런데도 대표적인 이커머스 업체인 쿠팡은 배송 가능 지역을 인구 감속 지역까지 점차 확대하고 있다. 이는 단순한 수익성 이상의 의미를 가진다. 쿠팡은 이를 '물류 서비스 사각지대 해소'라는 사회적 기여 측면에서 바라보고 있다. 나는 믿는다. 이러한 흐름에 국가가 적극적으로 협력하고, 다른 기업들까지 동참한다면, 그 어떤 단기적 정책보다 더 강력한 변화가 일어날 수 있다고.

우리는 이미 변화를 체험하고 있다. 24시간, 7일 내내 운영되는 편의점을 통해 우리는 편리함을 당연하게 여기게 되었고, 빠른 배송 시스템에 완전히 적응했다. 그리고 이제, 우리는 드론 배송이라는 다음 단계의 혁신을 준비하고 있다. 드론 배송은 단순히 '더 빠른 배송'을 넘어, 물류의 혁신, 삶의 방식 변화, 그리고 새로운 산업 창출의 기회를 품고 있다. 생각보다 이른 시일 안에, 우리의 생활은 더욱 편리하고 효율적으로 바뀔 것이다.

예를 들어, 인천 신기시장에서 시장 활성화를 위해 발행했던 '신기통보'처럼, 젊은 세대나 외국인 관광객들의 이목을 끌 수 있는 다양한 마케팅 전략이 필요하다. 전통시장과 온라인. 이 둘은 대립하는 개념이 아니라, 함께 적응하고 공존해야 할 대상이다. 또한 앞으로는, 더욱 발전할 배송 시스템 속에서 환경 부담을 어떻게 줄일 것인가에 대한 고민도 피할 수 없는 과제가 될 것이다. 우리는, 더 편리한 세상을 누리면서도 더 지속 가능한 미래를 위해 함께 노력해야 한다.

#즐거운 곳에서는 날 오라 하여도

"내가 쉴 곳은 작은 집, 내 집뿐이리" 비숍의 즐거운 나의 집, 가사만 떠올려도 자연스레 멜로디를 흥얼거리게 된다. 우리에게 집은 단순한 생활 공간 그 이상의 의미를 가진다. 안정과 보호의 공간이기도 하면서 사회적 지위와 목표의 수단이 되기도 하니까. 나는 지금 대전의 한 오피스텔에 오랜 기간 거주하고 있다. 걸어서 10분 이내에 지하철역, 병원, 약국, 마트 등 생활에 필요한 모든 인프라가 갖춰져 있다. 운전하지 않는 나에게는, 이곳이 그야말로 최적의 동네다. 도보권 내에서 누릴 수 있는 이상적인 라이프스타일. 그것이 내가 대전을 떠나지 못하고 있는 가장 큰 이유다.

문화생활 역시, 내가 사는 이곳에서도 충분히 즐길 수 있다. 우리가 그토록 중요하다고 외치는 문화생활도, 사실 일상에서 가끔 마주치는 힐링이면 충분하지 않은가. 매일 특별한 무언가를 찾아야 하는 것도 아니다. 또한, 내가 사는 곳 주변에 모든 인프라가 완벽하게 구축되기를 바라는 것 자체가, 사실 불가능한 욕심일 뿐이다.

요즘은 문득 이런 생각을 한다. "과연 부동산이, 우리가 지켜야 할 최고의 자산일까?" 우리나라는 부동산에 미쳐있다고 해도 과언이 아니다. 하지만 진정으로 중요한 것은 교육과 인적 자본이 아닐까. 우리가 정녕 다음 세대에 상속해야 하는 가장 중요한 자산은 부동산이 아닌, 지식과 경험, 다양성과 유연성이 아니겠느냐는 생각 말이다. 우리는 우리의 자산을 어떻게 효율적으로 전달할 것인가를 넘어, 그들이 조금이나마 다양하고 유연한 자산 관리를 통해 부의 집중화를 방지하고 앞으로도 지속 가능한 경제 성장에 일조할 수 있을지에 대한 도움을 주어야 한다. 다양한 기사들을 접하며 진정한 어른이라는 것에 대해 늘 고민한다. 물론 나 또한 아직 진정한 어른이 아니며, 자격이 없을지도 모르겠다.

형평성이란 어디에서나 존재한다는 사실을 우리는 잊어서는 안 된다. 여러 번 지역을 옮겨가며 살았던 나에게 각 지역 저마다의 장단점은 분명히 존재했고, 모든 게 완벽했던 지역도, 혹은 모든 게 싫었던 지역도 결국 없었다. 우리가 살아보지 못한 지역에 대해, 나와는 다른 곳에 살아가는 그 누군가의 삶에 대해 쉽게 판단하거나, 함부로 재단하기보다는 각 지역의 고유성을 인정하는 것이야말로 우리가 가져야 할 가장 기본적인 태도다. 나에게 이상적인 이곳이 누군가에겐 그렇지 않을 수도 있으며, 나에게 이상적이지 않았던 곳이 누군가에겐 자리 잡고 싶은 삶의 터전이 되지 않으리라 확신할 수 있는가? 충만하게 살아간다는 것은, 각자의 가치관과 목표, 경험과 선택, 그리고 수많은 복합적 요소가 어떻게 조화를 이루는가에 달려 있다. 그리고 그 기준은, 살아가는 내내 끊임없이 변할 것이다.

#결국 앞으로 중요한 건 '주(住)'

의식주 중, 이제 '의(衣)'와 '식(食)'은 어느 정도 평준화되어 버렸다. 어디서 쇼핑하든, 어디서 식사하든, 수도권과 지방의 차이는 이제 크게 느껴지지 않는다. 결국 남은 것은 하나. '주(住)'. 삶은 결국 선택의 연속이다. 수많은 인프라를 누리되, 긴 이동 시간을 감수할 것인가. 혹은, 약간의 불편함을 감수하되 더 많은 여유를 누릴 것인가.

나는 전적으로 후자다.

2024년 통계청 국내 인구이동통계 결과에 따르면, 지역 인구 대비 순유입률은 인천(0.09%), 세종(0.7%), 충남(0.7%) 순으로 높고, 순유출률은 광주(-0.6%), 제주(-0.5%), 서울(-0.5%) 순으로 높았다. 특히 전출자가 전입자보다 많아 순유출이 발생한 시도는 서울로 나타났다. 약 4만 5천 명이 이탈했는데 이는 무엇을 의미할까. 더 이상 수도권만이 삶의 터전으로 절대적인 선호지가 아니라는 것이다. 인프라가 부족하다고 해도, 지방에서도 삶에 필요한 최소한의 것들은 충분히 누릴 수 있다. 그리고 매일매일 줄어드는 이동시간은 곧 더 많은 시간을 사랑하는 사람들과, 자기 계발과, 취미와 삶을 향한 진정한 투자로 바꿀 수 있다.

집값 역시 마찬가지다. 터무니없이 비싼 집값에 이자까지 부담하며 수십 년을 보내는 삶을 나는 감히 선택할 자신이 없다. 그리고 교육 역시 마찬가지다. 정말로 교육의 질이 그렇게 절대적인 것일까? 최고의 학교에 다녔다고 해서 무조건 훌륭한 삶을 사는 것도 아니다. 질 좋은 교육을 받았다고 해서 항상 경제적 성공이 보장되는 것도 아니다. 우리는 어쩌면, 이미 알고 있는지도 모르겠다. 인생에는 어떤 것도, 아무것도 보장되어 있지 않다는 사실을. 결국 가장 중요한 것은, 어디에서 어떤 가치관을 가지고 살아가느냐다. 화려한 인프라보다는, 일상의 여유와 삶의 질에 더 집중해야 한다.

완벽하진 않더라도 의식주가 고르게 충족된 삶. 사람들과의 관계가 따뜻하고, 하루하루의 삶에 만족할 수 있는 상태. 그 모든 요소가 어우러진 삶의 총합이야말로 우리가 진정으로 지향해야 할 '삶의 방식' 아닐까. 화려함보다 따뜻함, 속도보다 균형, 소유보다 만족. 삶의 본질은 언제나 단순한 곳에서 존재한다.

일상의 편리함

#사실 10년 전이었다면 내 생각은 달랐을지도

지방에 살며 가장 좋은 점은 교통 혼잡의 부재와 저렴한 생활비, 자연과의 접근성이다. 또한 나는 사람이 많은 곳을 좋아하지 않는 성향인 탓에 지방의 느릿한 일상 리듬이 좋다. 과거와는 많이 달라졌다. 인터넷의 발달, 배달 서비스의 확대, 온라인 쇼핑의 발전으로, 지방에서도 충분히 편리하고 쾌적한 생활이 가능해졌다. 솔직히, 10년 전이었다면 나 역시 지금과는 다른 생각을 했을지도 모른다. 그때는 수도권과 지방 사이에 누릴 수 있는 서비스의 격차가 확연했으니까. 하지만 이제는, 보편화된 서비스 하나만으로도 세상은 정말 많이 바뀌었다.

개인의 라이프스타일과 가치관에 따라 누군가에겐 서울이, 또 다른 누군가에겐 지방이 더 나은 선택이 될 수 있다. 어떤 사람은 서울에 살아본 뒤 "다시는 지방에서 살지 못할 것 같다"고 말하고, 또 다른 사람은 지방에 살아본 뒤 "다시는 서울로 돌아가고 싶지 않다"고 이야기한다. 그만큼, 삶의 터전은 객관적인 우열이 아니라 주관적인 선택의 문제다.

우리가 어디서 살아갈지를 결정하는 데 가장 중요한 것은, 개인의 가치관이다. 성공, 가족, 건강, 평화. 무엇을 더 중요하게 생각하는가에 따라 선택지는 달라진다. 어느 한쪽이 절대적으로 더 나은 선택이라고 단정 지을 수는 없다. 우리는 현재 상황과 더불어, 미래에 대한 계획, 그리고 삶에서 진정으로 찾고자 하는 것이 무엇인지 스스로 명확히 인지해야 한다. 또한 거주지 결정은 정적인 것이 아니라 동적인 것임을 기억해야 한다.

    삶의 단계에 따라, 우선순위는 달라질 수 있다. 때로는 도시가 필요하고, 때로는 자연이 필요하다. 때로는 치열한 기회가 필요하고, 때로는 조용한 평화가 필요하다. 그러기에 우리는 늘, 자신에게 질문해야 한다. 어떤 삶을 원하고, 그 삶을 실현할 수 있는 환경은 어디에 있는지. 교통, 생활비, 의료, 문화, 교육, 삶의 질, 커뮤니티, 자연, 기회. 이 모든 것을 완벽하게 만족시키는 지역은 대한민국 어디에도, 아니, 세계 어디에도 존재하지 않는다. 결국, 우리가 만들어야 할 것은 완벽한 지역이 아니라, 자신에게 가장 어울리는 삶의 방식이다.

#어떡하지의 연속. 어떡하긴 뭘 어떡해

    지방에서 살며 내가 들었던 이야기들이다. "의료 대란인 요즘 갑자기 어디 아프면 어떡해?", "거기 일자리도 부족한데 회사 그만두면 어떡해?", "서울에 비해 정보가 느려서 어떡해?" 아니, 도대체 뭘 자꾸 어떡하냐는 건가. 언제 어디서 아플지조차 예측할 수 없는 지금, 언젠가 아플지도 모른다는 가정 아래 소중한 시간을 허비할 순 없다. 수도권에 비해 일자리와 기회는 부족할지 모르지만, 하늘이 무너져도 솟아날 구멍은 있고, 회사를 그만뒀다고 해서 내 하늘은 무너지지 않았다. 정보가 느리다니 이건 또 무슨 소리인가. 필요한 정보는 스스로 찾으면 된다. 요즘 같은 시대에, 정보는 서울에만 머무는 것도 아니고, 누군가가 손에 쥐여주기만을 기다릴 이유도 없다.

다행히 부모님께서 건강한 신체를 물려주신 덕에 아직 크게 아파본 적은 없지만, 내가 사는 대전에도 병원은 있고 의료 대란은 지방을 떠나 대한민국 전체의 문제이다. 물론 유명하고 실력 좋은 의사들이 서울에 많은 것도 안다. 그건 인구의 절반이 수도권에 몰려 있으니 어찌 보면 당연한 일이다. 직장도 마찬가지다. 나에게 있어서 직장은 소중한 경험을 더해준 값진 공간이기도 했지만 그만하면 됐다. 다시는 돌아가고 싶지 않을 뿐이다. 그래서 나는, 과감하게 프리랜서로 전향했다. 두렵지 않았던 건 아니다. 하지만 어차피 겪어야 할 과정이라면, 피하지 않고 맞서기로 했다. 나는 그냥, 기회를 찾아다녔다. 과거에 묶여 오지 않을 미래를 지나치게 걱정할 이유는 없다. 수도권에 산다고 해서 지방을 무시할 필요도, 지방에 살면서 수도권에 사는 이들을 색안경 끼고 볼 필요도 없다. 그건, 오만이다. 나의 삶이 아닌, 남의 삶에 대한 평가와 잣대는 이제 좀 내려놓아야 한다.

우리가 진짜 고민해야 할 것은 다른 데 있다. 남녀가 서로를 향해 끝없이 싸우는 젠더 갈등. 수도권과 지방으로 나뉘어 편 가르기만 반복하는 지역 갈등. 그리고, 발등에 떨어진 불처럼 다가온 지역 소멸 문제다. 갈등은 쉽게 사라지지 않는다. 문제는 하루아침에 해결되지 않는다. "어떡하지?"라는 생각만으로 답은 나오지 않는다. 다만 조금 더 다양성을 인정하는 사회. 모든 사람이 자신이 있는 곳에서 최대한의 가치를 실현할 수 있는 사회. 그런 세상에 가까워지기를. 진심으로, 바랄 뿐이다.

#이거 사야지 저거 사야지! 걸어서 해결

내가 대전을 떠나지 못하는 이유는 분명하다. 웬만한 편의시설이 모두 집 주변에 모여 있기 때문이다. 마트, 약국, 병원, 백화점은 물론, 안경원, 화장품 매장, 사진관, 식당, 카페, 헬스장까지. 모두 도보로 해결 가능하다. 오히려 뭐가 없는지 찾는 게 더 빠를 정도다. 언제나 나에게 면허 좀 따라고 잔소리하던 고향 친구는 우리 집에 놀러 와 주변을 둘러보고는 이렇게 말했다. "면허 안 따도 되겠다. 아니, 필요성을 못 느끼겠네, 그냥."

사실, 나는 운전이 무섭다. 무엇보다, 나를 떠나 타인의 생명과 직결되는 문제이기에. 시력도 좋지 않고, 운동신경이라고는 찾아볼 수 없는 나는, 일찌감치 운전이라는 영역을 포기했다. 만약 정말 절실했다면, 어떻게든 면허를 따기 위해 몸부림쳤겠지만, 솔직히 말해, 필요성을 느끼지 못하며 살고 있다. 좋은 친구들을 둔 덕도 있지만, 무엇보다 대전이라는 도시가 내게 그런 불편함을 느끼지 않게 해줬다. 대전은 지리적으로도 다른 지역으로 이동하기 편리한 곳이다. 게다가 생활 반경 안에 필요한 모든 시설이 불편 없이 갖춰져 있다.

우리 일상의 대부분은 직장과 집이라는 공간 안에서 이루어진다. 편의시설은 말 그대로 일상의 편리를 위한 공간이다. 가까이 있을수록 삶의 효율은 커진다. 이미 이 편의성에 익숙해진 나에게, 주거지 이동은 계획에 없다. 처음엔 회사 때문에 선택했던 지역이지만, 이제는 내 삶의 주된 거주지가 되어버렸다. 필요한 것들을 걸어서 해결할 수 있다는 것. 그것만으로도 스트레스는 줄어들고, 소중한 시간을 절약할 수 있다. 나에게 대전은, 편의성과 생활의 질, 그리고 나의 생활 방식이 완벽하게 조화를 이루는 멋진 도시다.

#내가 사는 곳을 기준으로 장점과 단점을 적어보자

나는 한 번도 내가 사는 곳의 장단점을 리스트로 정리해 본 적이 없다. 이번 책을 집필하며 처음으로 적어보았다. 다행히도 단점보다 장점이 압도적으로 많았다. 그것이면 충분하다. 각종 편의시설, 수도권에 비해 낮은 집값, 수도권과 뛰어난 접근성, 타 지역과의 교통 편리성, 발달한 대중교통망, 그리고 나에게는 충분한 문화생활 공간까지. 장점을 꼽자면 끝이 없었다. 오히려 단점을 찾아내는 일이 더 어려웠다. 고민 끝에 겨우 적어낸 단점은, 다른 지방에 비해 높은 집값과 도시 규모에 비해 부족한 지하철 노선 정도였다. 나는 대전이 고향도 아니고, 이곳에서 산 지 10년이 채 되지 않았다. 대전을 특별히 찬양하는 시민도 아니다. 그저 내게 딱 맞는 도시일 뿐이다.

물론 집값 문제는 수도권 접근성이나 다른 요소들을 고려하면 이해할 만한 수준이다. 만약 집값 때문에 이사를 고민하게 된다면, 지금 누리고 있는 여러 장점 중 일부를 분명 포기해야 할 것이기에, 나는 이를 감수하기로 했다. 그리고 지하철 노선이 하나뿐인 점은, 애초에 내가 어찌할 수 없는 문제다. 게다가 내가 주로 이용하는 곳은 집, 기차역, 버스터미널 정도이기에 이 불편함도 그리 크게 다가오지 않는다.

이제 당신도 한번, 자신이 거주하는 지역의 장점과 단점을 차분히 적어 내려가 보자. 분명 장점만 존재하지도, 단점만 존재하지도 않을 것이다. 그러나 만약 단점이 장점보다 많다고 느낀다면, 거주지 변경을 고민하거나, 현재 상황에서 어떤 부분을 개선할 수 있을지 진지하게 생각해 볼 필요가 있다. 반대로 장점이 단점보다 많다면, 단점을 수용하고 살아가는 방법을 모색해야 한다. 가끔은 머릿속으로만 끙끙대던 고민을, 글로 적어 내려가는 과정에서 의외로 해결의 실마리를 발견하기도 한다. 생각을 글로 정리하는 것은 문제 해결의 중요한 도구다. 이 과정은 단순히 기록을 넘어, 문제에 대한 새로운 접근 방식을 찾는 데에도 큰 도움이 될 것이다.

특히 거주지는 우리의 하루하루 일상과 밀접한 문제다. 장단점을 리스트로 적는 동안 우선순위를 다시 점검하고, 감정을 분리해 냉정히 삶을 되돌아보자. 겉으로는 단순해 보이는 이 작업 속에서, 우리는 생각보다 많은 것들을 얻어낼 수 있을 것이다. 도시를 고르는 게 아닌, 삶의 방식을 고르는 것이 우선이 되어야 한다.

동등한 시간에 대한 가치

#시간에도 가치가 있잖아

    젊을 때는 시간이 무한히 많은 듯 느껴지지만, 나이를 먹어갈수록 시간의 소중함을 더욱 깊이 깨닫게 된다. 건강한 사람에 비해 건강하지 못한 사람은 단순한 일상 활동에 들이는 시간조차 귀하게 여긴다. 어떤 이는 일에 많은 시간을 투자하는 것을 자신의 성장과 발전을 위한 가치로 삼고, 또 다른 이는 가족과 함께 보내는 시간이나 취미 생활을 위한 시간을 더욱 소중히 여긴다. 현재 상황과 개인의 우선순

위에 따라, 시간의 가치는 분명 달라진다.

일을 하는 방식에 따라서도 시간의 무게는 달라진다. 나는 현재 책을 집필하고 있기 때문에 노트북 앞에서 보내는 시간이 가장 많다. 어떤 날은 한 문장조차 쓰기 힘든 반면, 또 어떤 날은 거침없이 술술 써진다. 잘 써지다가도 한순간 막혀버리는 날은 반드시 찾아온다. 이런 상황에서 누군가는 정해진 시간 동안 무리해서라도 끝까지 글을 짜내려 할 것이고, 또 다른 누군가는 미련 없이 노트북을 덮어버릴 것이다. 나는 전적으로 후자다.

글이 써지지 않는 날과 시간에는 더 이상 노트북 앞에 머물지 않는다. 나에게 그것은 효율적으로 일하는 방식이 아니기 때문이다. 오히려 그 시간에 SNS를 하거나 드라마를 본다. 흥미로운 건, 그렇게 시간을 보내다 보면 글감이 생긴다는 것이다. SNS를 돌아다니다가 떠오른 아이디어나, 드라마 속 대사 한 줄이 새로운 글의 출발점이 되기도 한다. 그 순간, 다시 노트북 앞에 앉는다. 이는 내가 쉬는 동안에도 무의식적으로 '책 집필'이라는 작업을 놓지 않고 있기 때문에 가능한 일이다. 그래서 나에게는, 써지지 않는 순간 억지로 노트북 앞에 앉아 있는 시간이 오히려 더 아깝다.

시간의 가치는 절대적으로 동등하지 않다. 여러 요소가 복잡하게 얽혀 있지만, 가장 기본적인 기준은 '시간을 어떻게 활용하느냐'에 달려 있다. 같은 한 시간을 보내더라도, 활용 방식에 따라 그 가치는 극대화되거나 최소화될 수 있다. 중요한 것은, 자신의 시간은 오로지 자신의 의식 아래에 관리되어야 하며, '나에게 맞는 시간', '가장 가치 있는 방식으로 사용할 수 있는 시간'을 스스로 컨트롤해야 한다는 점이다.

#버려지는 시간은 정말 없을까

한 사람의 인생에 버려지는 시간은 없다고 말하는 이들이 있다. 반대로, 버려지는 시간은 분명히 존재한다고 주장하는 이들도 있다. 나는 후자다. 나 역시 많은 시간을 허비하며 지내왔다. 돌이켜보면, 시간이 버려진다고 느꼈던 순간들은 대개 명확한 목표나 가치가 없을 때였다. 반대로, 당시에는 무의미하고 아깝게 여겨졌던 시간이 오히려 성장과 배움의 시간이었음을 나중에야 깨닫게 된 경우도 있었다. 예를 들어, 이전에 다녔던 직장들은 분명히 나에게 성장과 배움의 시간이 되어주었다. 하지만, 직장 생활에 치여 피곤하다는 이유로 남은 시간을 제대로 활용하지 못했던 것, 그건 내게 다시는 되돌릴 수 없는 '버려진 시간'이었다.

출장으로 장거리 이동을 할 때도 마찬가지다. 어떤 날은 도로 위에서 허비하는 시간이 아깝다고 투덜거렸지만, 또 어떤 날은 이동 중에 달콤한 잠을 청할 수 있어 오히려 감사했다. 이는 결국 개인의 주관적인 경험과 그 순간 어떤 생각을 하고 있느냐에 따라 전혀 다르게 느껴진다. 출퇴근 시간도 그렇다. 자동차 안에서 음악을 들으며, 혹은 오디오북을 들으며 운전을 즐기는 사람도 있고, 대중교통을 이용해 출퇴근하는 시간 자체를 즐기는 사람도 있다.

하지만 주변을 한번 둘러보자. 매일 아침과 저녁, 출퇴근하는 사람들의 모습을 바라보면 대부분이 핸드폰을 들여다보느라 바쁘다. 그리고 그중 책을 읽는 사람보다 빠르게 소비되고 사라지는 짧은 영상이나 콘텐츠를 보는 이들의 비율이 훨씬 많다는 사실은 부정하고 싶어도 부정할 수 없다. 모두가 알고 있는, 씁쓸한 현실이다.

하루 2시간을 출퇴근에 사용한다고 가정했을 때. 이는 1년 전체 8,760시간 중 약 8.3%에 해당한다. 여기서 평균 수면 시간 8시간을 제외하고 하루 16시간을 기준으로 계산하면, 무려 12.5%를 출퇴근에 사용하는 셈이다. 누군가에게는 이 수치가 생각보다 적게 느껴질 수도, 누군가에게는 너무 많게 느껴질 수도 있다. 하지만 '시간이 곧 금'이라는 사실을 인정한다면, 일회성이 아닌 반복되는 일상이라는 점에서 보면 결코 가볍게 넘길 수 있는 수치는 아니다. 우리는 이 시간을 어떻게 하면 더 효율적으로 사용할 수 있을지 고민해 볼 필요가 있다.

누군가는 잠자는 시간, 식사 시간조차 아까워하며 줄여가면서 일에 몰두하기도 한다. 그러나 이 점만은 반드시 기억해야 한다. 하루 중 나에게 분명히 생산적인 시간이 존재한다면, 가끔은 아무것도 하지 않고 쉬어도 괜찮다는 것. 항상 생산적이어야 한다는 생각은 때로는 우리를 불필요한 압박감 속에 몰아넣는다. 아무것도 하지 않고 보내는 휴식의 시간은 마음을 챙기고, 신체를 회복시키는 데 필요한 시간이다.

결론적으로, 출퇴근 시간 동안 생산적인 활동을 하거나 시간을 효율적으로 활용하는 것은 물론 좋다. 그러나 그 시간이 신체를 회복시키는 시간은 아니라는 점도 분명히 인식해야 한다. 하루하루 쌓여가는 피로를 무시한 채 무조건 생산성만을 추구하다 보면, 언젠가는 더 큰 대가를 치르게 될지도 모른다.

#출퇴근 시간의 마지노선은 얼마인가

우리 일상에서 매일 반복되는 출퇴근. 한 달 중 20일 이상을, 매일 같이 되풀이하는 이 시간에 투자할 수 있는 마지노선은 과연 얼마일까. 물론 사람마다 다를 것이다. 그동안 내가 다녔던 회사들은 모두 집에서 도보로 이동할 수 있는 거리였다. 지방에 살았기에, 미혼이었기에 가능한 일이었다. 말 그대로 완벽한 '직주근접'이었다. 단순한 시간 절약을 넘어 물리적 피로까지 줄이는 개념. 실제로 경험해 본 사람은 알 것이다. 이 개념이 생활의 질에 얼마나 막대한 영향을 미치는지를. 수도권 부동산 시장에서 '역세권'이 얼마나 높은 가치를 지니는지 보면, 이는 굳이 설명할 필요조차 없다.

    회사 생활을 하면서, 출퇴근에 많은 시간을 쏟는 동료들을 참 많이 보았다. 당연히 지방보다는 본사가 있는 수도권에서 이런 일이 더 빈번했다. 그리고 그들은, 그 긴 출퇴근을 너무나 당연하게 받아들이고 있었다. 나에게 있어 회사에서 가장 존경스러운 사람은, 일을 잘하는 사람이 아니라 매일 먼 거리를 출퇴근하는 이들이었다. 가끔 상상해 본다. 매일 편도 1시간 이상, 왕복 두세 시간, 길게는 네 시간을 이동에 쓰는 삶. 나에게 그런 삶은 출근 전에 이미 지쳐버릴 것 같은 그림이다. 그리고 그걸 매일매일 반복한다니. 솔직히 말해, 내겐 앞으로도 불가능한 일이다.

물론 시간의 소중함을 아는 우리는 이동 중에도 책을 읽고, 자료를 보고, 공부를 하며 시간을 채운다. 또는 부족한 잠을 청하기도 한다. 그러나 이 모든 것은 대중교통을 이용했을 때나 가능한 일이다. 나는 내 소중한 시간을 아스팔트 도로 위에서 두세 시간씩 허비하고 싶지 않다. 이런 말을 하면 어떤 이들은 이렇게 반박할 것이다. "말이야 쉽지, 현실이 어디 그렇게 쉽냐고." 맞다. 현실은 쉽지 않다. 그래서 우선순위가 필요한 것이다. 그 긴 출퇴근 시간을 감수하면서까지 정말 내가 얻고자 하는 가치가 있는가? 있다면 감수하는 게 맞다. 하지만 없다면, 솔직히 시간 낭비다.

누군가에겐 직주근접이 삶의 최우선 가치가 되기도 한다. 누군가에겐 잘 갖춰진 인프라가 우선일 수도 있다. 하지만 나는 부담 없는 출퇴근 시간이 삶의 질을 얼마나 극적으로 끌어올릴 수 있는지를 경험으로 깨달았다. 단순히 시간을 아끼는 차원을 넘어, '시간의 가치'를 얻는 일이었다. 매일 저녁, 꽉 막힌 지하철 안에서 저녁노을을 바라보며 세상이 아름답다고 느끼는 사람이라면 모르겠지만 안타깝게도, 나는 붉게 물든 하늘보다, 지친 어깨와 묵직한 숨이 먼저 느껴지는 사람이다. 분명한 건 하나다. 이 지독히 긴 출퇴근의 반복은 결국 우리의 몸을, 그리고 마음을 조금씩 갉아먹고 있다는 것. 사람은 기계가 아니다. 하루에 몇 시간을, 그것도 매일. 단지 이동만을 위해 흘려보내기엔 인생은 너무 귀중하다.

"느린 걸음이 보여주는 것들이 있다."

Chapter 2
작아진 집, 넓어진 마음

피부로 느낀 수도권 vs 지방

#사실 내가 사는 곳도 평화롭지만은 않아

　나는 수도권은 복잡하고 정신없으며, 지방은 그에 비해 평화롭다고 생각한다. 그러나 대전도 사실 광역시에 속하는, 결코 작은 도시는 아니다. 그래서 그리 평화로운 곳만은 아니다. 출퇴근 시간에는 교통체증이 어김없이 찾아오고, 번화가는 늘 사람들로 북적거린다. 물론 서울에 비할 정도는 아니지만, 대부분의 광역시가 조용한 소도시나 마을과는 확연히 다른 분위기를 가진다. '평화'라는 단어와는 거리가 있다.

사실, 젊은 사람들이 귀농이나 귀촌을 선택하는 것은 대단한 도전이다. 단순한 이사가 아니라 많은 것을 포기하고, 동시에 새로운 것들을 받아들이는 결심이기 때문이다. 인천, 대구, 대전, 광주, 울산, 부산 같은 광역시들은 대한민국의 주요 도시들답게 대부분의 인프라와 교통망이 잘 갖춰져 있다. 하지만, 광역시라고 해서 모두가 안정적인 것은 아니다. 현재 특히 문제가 되는 도시는 부산이다. 한때 500만 명을 자랑하던 부산의 인구는 2025년 2월 기준 326만 명까지 감소했다. 특히 연간 약 1만 9천 명에 달하는 청년층이 다른 지역으로 떠나고 있는데, 그 이유로 '일자리 부족'이 압도적인 비율을 차지하고 있다.

수도권에서 태어나 자란 이들은 그 복잡하고 바쁜 일상을 당연하게 받아들인다. 마찬가지로, 지방에서 태어나 오랫동안 살아온 이들은 지방 특유의 평화로움에 익숙해져 있다. 나 역시 지방에서 태어나 중학교, 고등학교, 대학교를 졸업했다. 그리고 졸업 이후에도 일상이 출장이었던 직장에 다녔던 덕분에, 전국 여러 지역과 서울을 오가며 다양한 환경을 경험했다. 지금도 다른 지역을 다니며 강의하고 있기에, 수도권과 광역시, 지방의 차이를 몸으로 느끼고 있다.

진짜 평화로움을 원한다면, 나 역시 귀촌을 선택해야 할지도 모른다. 그러나 나는 아직 그럴 자신이 없다. 서울이 정신없고 복잡하다고 말하면 누군가는 나를 촌스럽다고 생각할지도 모른다. 하지만 이젠 안다. 진짜 촌스러움은 '다름'을 인정하지 못하는 마인드에 있다는 것을. 그거야말로 가장 경직된 모습이라는 것을. 그래서 나는, 내 스스로를 조금도 촌스럽다고 여기지 않는다. 대전은 복잡해지고 평화롭지도 않다. 서울과 지방, 그 중간 어디쯤. 너무 빠르지도 느리지도 않은 리듬 속에서 내 삶의 속도를 지켜가고 있을 뿐이다.

#살면서 만나온 수많은 사람들

많은 지역을 오가며 참 많은 사람들을 만났다. 누구에

게나 그렇듯, 어떤 인연은 악연으로, 어떤 인연은 스쳐 가는 인연으로, 또 어떤 인연은 지금 나와 함께하는 소중한 관계로 남았다. 그리고 이 또한 앞으로 어떻게 변할지는 아무도 모른다. 곰곰이 생각해 보았다. 그들을 만나면서 그들의 '사는 지역'이 내게 어떤 문제나 이득이 되었던 적이 있었던가? 없다. 만날 사람은 지역이 어디든 시간을 내어 만났고, 인연이 아닌 사람은 아무리 가까운 거리에 있어도 멀어졌다. 사람은 언제나 사람 그 자체였다. 그 위에 지역이라는 조건을 얹은 적은, 나에겐 한 번도 없었다.

사람의 선함 역시 공간이나 위치에 따라 달라지지 않는다. 어느 날 이런 영상을 본 적이 있다. 한국을 여행하던 외국인 가족이 예상치 못한 날씨에 옷을 얇게 입힌 아기를 데리고 서울의 명소를 둘러보고 있었는데, 그 모습을 본 한국인들이 자발적으로 담요를 건네고, 아이에게 양말을 사 신겨주는 장면이었다. 영상을 보며 마음이 따뜻해졌고, 나도 모르게 미소가 지어졌다. 댓글 창 역시 대부분 따뜻한 반응으로 채워져 있었지만, 그 안에도 여전히 지역에 대한 삐딱한 시선과 불편한 말들이 존재했다. 문득 생각했다. 만약 그 외국인 가족이 서울이 아닌 다른 지역을 여행하고 있었다면, 그런 따뜻함을 느끼지 못했을까? 아이를 걱정하는 마음, 낯선 이에게 손을 내미는 마음에 왜 굳이 지역이라는 경계가 존재해야 하는 걸까? 이해하기 어려운 일이었다.

물론 세상이 늘 아름답지만은 않다. 예쁜 것만 보고 싶다고 해서, 세상이 예쁜 것만 보여주는 것도 아니다. 하지만 우리는 선택할 수 있다. 예쁜 것들을 중심으로 기억하며 살아가는 삶을. 그리고 무엇보다도 기억해야 한다. 내가 내뱉는 말이 예쁘지 않으면서, 예쁜 세상을 기대하는 건 모순이라는 것을. 진심은 조용히 퍼지고, 거짓은 잠시 요란하다. 결국 오래도록 남는 건 따뜻함이다.

#대중교통 분위기는 다르더라

예전에 비해 시민의식은 분명 높아졌다. 서로가 에티켓을 지키려 노력하는 사회가 되었고, 무례한 행동은 순식간에 SNS를 통해 확산한다. 물론, 어디를 가든 사고방식이

다른 사람은 존재한다. 나는 버스, KTX, SRT를 수도 없이 이용해 왔다. 운전을 하지 않기에 자연스럽게 대중교통을 탈 수밖에 없었고, 지금도 여전히 그렇게 살아간다. 특히 새벽 출장이 잦았던 시절, 버스나 기차 안에서의 짧은 쪽잠은 내게 귀한 단잠과도 같았다. 물론 그때도 지금도, 대중교통 안에서 큰 소리로 통화하거나, 이어폰 없이 영상을 틀거나, 옆 사람과 크게 대화하는 행동은 이해하기 어렵다. 아이들이 우는 건 당연하다. 울며 크는 게 아이들의 본능이니까. 하지만 제지가 가능한 아이를 방치하는 부모의 태도는 여전히 납득하기 어렵다.

흥미로운 건, 이런 공공 공간의 분위기가 수도권과 지방에서 확연히 다르다는 점이다. SRT나 KTX 같은 고속열차는 역무원의 개입이 있어 상대적으로 질서가 잘 유지되는 편이다. 반면 일반 열차는 소음이 더 많고, 고속버스도 지역에 따라 분위기가 달라진다. 특히 지방과 지방을 연결하는 노선이나 시골 지역으로 가는 버스에서는 조용함을 기대하기가 어려운 경우도 많다.

인구 밀도가 높은 대도시는 다수의 사람이 공유 공간을 사용하는 데 익숙해지면서 자연스럽게 공공의식이 강하게 자리 잡는다. 반면, 지역에 따라 나이, 직업, 교통수단을 이용하는 목적이 다르고, 문화적으로 용인되는 행동이나 소음에 대한 인식에도 차이가 존재한다. 그런 차이는 필연적일 수밖에 없다. 고령화가 심각한 지역일수록, 서로 간의 배려와 존중이 더 절실하다. 예전 세대와 지금의 세대는 살아온 시대 자체가 너무나 다르고, 그만큼 서로를 이해하는 데 시간도, 노력이 더 필요하다. 비판이나 단절보다는, 조금 더 이해하고 기다리는 태도. 지금 우리 사회가 갖춰야 할 공공의식은, 바로 그런 마음에서 시작될 것이다.

진짜 수도권이 아니더라도

#어디까지가 수도권이야?

　서울특별시와 인천광역시를 둘러싸고 있는 광역자치단체인 경기도는 이미 경제적, 문화적, 정치적으로 서울과 긴밀하게 연결되어 있다. 1982년 '수도권정비계획법'이 제정되면서 수도권의 범위는 공식적으로 확장되었고, 이에 따라 수도권은 서울특별시, 인천광역시, 경기도로 규정되었다. 현재 행정구역상 수도권은 이 세 지역을 포괄한다. 경기도 중에서도 서울로 출퇴근하는 비율이 높은 지역들이 있다. 과천, 광명, 하남, 구리, 남양주 등이 대표적이다. 서울과의 거리가 가까울수록, 그리고 해당 지역 내 산업 기반이 부족할수록 서울로의 출퇴근 비율은 더욱 높아진다. 최근 경기도와 서울의 출퇴근 실태를 살펴보면, 대중교통을 이용한 출퇴근이 오히려 승용차를 이용하는 것보다 더 많은 시간이 소요된다는 지적이 꾸준히 제기되고 있다.

2019년부터 2022년까지의 수도권 통행량 네트워크 자료에 따르면, 경기도와 서울 간 출퇴근은 하루 약 200만 건의 통행이 발생했다. 이는 경기도 전체 통행량의 18%에 달하는 수치다. 이 가운데 승용차를 이용한 출퇴근이 55%, 대중교통을 이용한 출퇴근이 45%를 차지했다. 수도권에 속한 경기도와 인천이라 해도, 어느 지역이냐에 따라 서울로 출퇴근하는 것은 말처럼 쉽지 않다. 상습 정체 구간은 여전히 존재하고, 코로나19로 인해 감소했던 대중교통 노선들은 아직 완전히 회복되지 않았다. 현재 경기도와 서울의 평균 출퇴근 시간은 대중교통 기준 약 78분에 이른다.

'수도권정비계획법'은 수도권 지역을 체계적으로 관

리하고, 주거 환경을 개선하며, 교통 체증을 완화하기 위해 제정된 법률이다. 그러나 아직도 해결해야 할 과제들은 적지 않아 보인다. 수도권 과밀화 문제 자체가 해결되지 않는 한, 지하철과 대중교통의 과밀화 역시 지속될 수밖에 없다. 특히 면적이 넓은 경기도의 북부나 남부 지역에 거주할 경우, 서울로의 출퇴근에는 상당한 시간이 소요된다. 서울에 비해 상대적으로 저렴한 주거비를 찾아 경기도로 이주하는 이들이 많지만, 직장은 여전히 수도권에 몰려 있는 이 구조는 좀처럼 개선될 기미를 보이지 않는다.

#지방과 서울의 출퇴근은, 유연한 대처가 우선

현재 강남과 가장 가까운 수서역은 타지역에서 서울로 출퇴근하는 이들로 늘 붐빈다. 특히 동탄, 지제, 천안 아산, 오송 지역은 1시간 이내로 이동이 가능한 거리이며, 대전 역시 수서역까지 약 1시간 남짓 걸린다. 문제는 인프라 자체보다 수요의 폭증이다. SRT 예매는 갈수록 어려워지고, 교통비 부담도 만만치 않다. 정기권을 이용하면 다소 나아지긴 하지만, 서서 이동하는 현실은 여전하다. 요즘처럼 지방에서 서울로 출퇴근하는 인구가 확연히 늘어난 상황에서는, 단지 교통망 확충만으로는 해결되지 않는 문제들이 많다. 지금도 충청권은 물론이고 강원, 전북 일부 지역까지 '서울 출근권'에 포함되는 현실에서, 기업의 유연한 대처는 선택이 아닌 필수다.

대전에서 강남을 오갔던 나 역시 이 사실을 체감했다. 이동 시간 자체가 부담 없는 수준이었지만, 긴 시간 지속할 수 있었던 건 근무 형태를 유연하게 조정해 준 회사의 배려 덕분이었다. 물론 수도권 내 거주자들 역시 출퇴근 스트레스를 겪고 있다는 점에서, 형평성에 대한 논의는 필요하다. 하지만 중요한 건 출퇴근에 소모되는 에너지로 인해 인재가 지치고 이탈하는 것 자체가 기업에도 손해라는 것이다. 기업 입장에서 보더라도, 유연근무제는 단지 복지를 넘어 인재 유지와 조직 효율을 위한 필수 전략이 되어야 한다.

주 5일제가 처음 도입될 당시에도 논란은 많았다. 생산성이 떨어질 거라는 우려, 정착이 어렵다는 반발도 있었다.

하지만 지금은 대부분의 사람이 그 제도가 가져온 삶의 질의 변화와 효율성 향상을 인정하고 있다. 변화는 언제나 익숙함을 흔들지만, 새로운 해결책은 그 흔들림 속에서 태어나기도 한다. 지금의 유연근무제 역시 마찬가지다. 그것은 단지 지방 거주자를 위한 특별한 제도가 아니라, 수도권과 지방 모두에게 필요한, 지속 가능한 근무 방식이다.

#한국은 생각보다 작은 나라가 아니다

북한을 제외한 한국의 총면적은 약 100,210km²이다. 일본의 면적은 377,975km²로, 한국의 약 3.8배에 달한다. 물론 산악 지형이 많은 탓에 평야가 적고, 인구가 대도시에 집중된 것도 사실이다. 그래서 우리는 흔히 입버릇처럼 "우리나라는 작은 나라"라고 말하곤 한다. 하지만 실상을 들여다보면 이야기는 달라진다. 한국은 포르투갈(92,212km²), 헝가리(92,212km²), 오스트리아(83,871km²) 등 유럽의 여러 국가보다 더 넓은 국토를 가지고 있다. 인구 면에서도 세계 27위, GDP 기준으로는 세계 10위권. UN, G20, OECD

등 국제무대에서도 중요한 역할을 맡고 있는 나라다.

싱가포르의 사례는 특히 상징적이다. 면적은 고작 728.3km²로, 한국의 137.6분의 1에 불과하지만, 도시계획, 교육, 기술, 경제력 등 여러 방면에서 세계적인 주목을 받고 있다. 결국 중요한 것은 국토의 '크기'가 아니라, 그 안에 담긴 '밀도'와 '역량'이다. 한국은 영토가 거대한 나라는 아니지만, 결코 작은 나라도 아니다. 그런데도, 이 작은 땅 안에서 벌어지는 지역 간의 갈등과 감정은 절대 작지 않다. 지리적 거리는 가까울지 몰라도, 심리적 거리감은 쉽게 좁혀지지 않는다. 그리고 이 간극은 결국 사회 통합을 어렵게 만들고, 국가의 지속가능한 성장을 가로막는다.

앞으로 우리에게 남은 가장 중요한 과제는, 이 한정된 자원을 어떻게 더 효율적으로 분산하고 연결할 것인가에 달려있다. 이를 위한 해법은 단순하지 않지만, 분명하다. 가장 시급한 것은 교통 인프라의 확충이다. 고속철도, GTX 등 대규모 이동망을 통해 지역 간 물리적 거리를 줄여야 한다. 유연근무제의 확대 역시 새로운 근무 문화를 정착시켜

"굳이 서울에 살아야만 일할 수 있는 구조"를 재편할 수 있다. 또한 교육과 의료 서비스의 균형 있는 분산은 삶의 질이 수도권에만 집중되지 않도록 만드는 핵심이다. 좋은 교육, 신뢰할 수 있는 의료가 지역에 있다면 사람들은 "이사를 하지 않아도 되는 삶"을 선택할 수 있다. 이는 자연스럽게 인구의 재분배, 나아가 균형발전의 토대로 이어진다. 결국 우리가 나아가야 할 방향은 한쪽으로만 쏠린 성장을 벗어나, 전국 어디서나 비슷한 기회와 삶의 질을 누릴 수 있는 공존의 구조다. 앞으로의 한국은 '어디에 사느냐'보다 '어떻게 살아가느냐'에 더 많은 가치를 두어야 한다.

"공간은 줄어들었지만,

꿈은 더 커졌다."

Chapter 3
돈의 흐름이 달라진다

돈을 버는 방식이
달라지고 있다

#돈을 버는 방식이 달라지고 있다

    회사 생활은 가장 전통적으로 경제활동을 하는 방식이다. 하지만 내가 인터넷과 친해지며 가장 많이 느낀 부분은, 돈을 버는 방식 또한 달라지고 있다는 것이었다. 가장 인기 있었던 직업 중 하나였던 공무원들은 점점 이탈하고 있고, 사관학교 출신 장교들마저 군에선 미래가 없다며 조기 전역을 택하는 수가 늘어나고 있다.

    평생직장의 개념은 사실 사라진 지 오래다. 경제성장

이 활발하던 옛 세대들은 회사에 목숨을 바쳐 일한다는 이야기가 있을 정도로 회사에 온 청춘을 바쳤지만, 요즘 같은 저성장 시대에 물가 대비 터무니없이 낮은 연봉 인상률, 그리고 수없이 부딪히는 세대 갈등 속에서 젊은이들은 회사에 목숨을 바칠 필요성을 점차 느끼지 못하고 있다. 그 선택을 무조건 비난할 필요는 없다. 또는 그들의 판단은 시대의 흐름에 따른 자연스러운 적응일지도 모른다. 오히려 그들이 변해가는 시대에 가장 적응이 빠른 똑똑한 세대일지도 모르겠다. 이전 세대들이 안정과 충성심을 중시했다면, 현재 세대는 자기실현, 유연성, 그리고 개인적인 성장과 발전을 더 중시한다. 그렇기에 직장 내에서도 자신을 위한 선택이 우선이 될 수밖에 없는 것이다.

이런 똑똑한 젊은 세대 중에서 그 어디에도 소속되어 있지 않고 자기 개성을 자본으로 돈을 버는 사례들이 점점 늘어나고 있다. 이전에 존재하지 않았던 인플루언서, 콘텐츠 크리에이터, 프리랜서 디자이너나 개발자 등 없던 직업들이 계속해서 생겨나고 있다. 전통적인 경제활동의 방식에 큰 변화가 생기고 있다는 가장 큰 증거이다. 지금의 이 시대는, 그리고 앞으로의 시대는 누가 얼마나, 더 많은 사람들과 강한 네트워크를 가지고 있는가가 돈이 되는 시대일 것이다. 결국 네트워크 형성 능력과 협력 능력이 핵심 역량으로 부상할 것이다.

#오히려 하지 않았던 시간이 낭비였는걸?

과거의 나는 SNS가 정말 싫었다. 한때 유행했던 "SNS는 인생의 낭비"라는 퍼거슨의 말이 내게는 그 어떤 조언보다 강력한 명언처럼 느껴졌을 정도였다. SNS는 사람의 시간을 갉아먹고, 감정을 소모하게 만들며, 결국엔 잃는 게 더 많은 공간이라 믿었다. 하지만 전자책을 계기로 블로그를 시작하면서 그동안의 내 생각이 얼마나 단편적이고, 어쩌면 멍청했는지를 깨닫기 시작했다. SNS는 이미 상상 이상으로 진화되어 있었다. 그곳은 더 이상 단순한 일상 공유의 공간이 아니었다. 정보를 나누고, 자신을 브랜딩하며, 나아가 새로운 직업적 기회를 만드는 무대였다. 많은 이들이 SNS를 통해 똑똑하게 자신을 표현하고 있었고, 그걸 미뤄왔던 나는 당연히 뒤처질 수밖에 없었다.

처음 블로그를 시작했을 때, 하루 3~4시간의 시간을 블로그에 할애했다. 긴 시간은 아니었지만, 몰입의 결과는 놀라웠다. 블로그를 통해 맺은 이웃들과의 관계는 자연스럽게 소통의 기반이 되었고, 이웃들이 자발적으로 내 책에 대한 후기를 남기기 시작했다. 누군가는 내 글을 공유했고, 그것이 곧 자연스러운 바이럴 마케팅이 되었다. 이후 한 언론사에서 연락이 왔고, 인터뷰를 진행하게 되었다. 그 인터뷰는 다시 콘텐츠로 만들어져, 또 하나의 좋은 마케팅 수단이 되었다. 진심으로 꾸준히 쌓아 올린 결과가 어느 순간부터 스스로 움직이기 시작했다는 것이다.

그리고 그 흐름은 멈추지 않았다. 블로그를 통해 얻게 된 정보와 인사이트는 나를 X(구 트위터)라는 또 다른 플랫폼으로 이끌었고, 지금은 크진 않지만, 블로그와 X 모두를 통해 수익까지 창출하고 있다. 결국 내가 멀리했던 그 SNS는, 내 책을 알리고, 나를 표현하고, 삶의 가능성을 확장해 주는 강력한 도구 중 하나가 되었다. 내가 멀리해야 했던 건 SNS가 아니라, 스스로 제한해 버린 시야였다. 언제나 같은 자리에서 같은 시선으로만 세상을 본다는 건, 어쩌면 가장 조용하고도 무서운 자기 고립일지도 모른다. 때로는 우리가 비판하던 것이, 가장 가까운 기회로 다가올 수도 있다. 그러니 단정하지 말자. 늦었다고 망설이지 말자. 가능성은, 내가 외면했던 그 문 너머에 있을지도 모르니까.

#소비자에서 생산자로

X(구 트위터)와 인스타그램은 단순히 흥미로운 콘텐츠만을 보여주는 플랫폼이 아니었다. 나의 관심사, 검색 이력, 반응 패턴까지 모두 학습해 매일 신선한 글감과 유용한 정보들을 제공해 주는 '맞춤형 도구'가 되어 있었다. 나는 마음에 드는 글과 인사이트를 북마크에 저장했고, 그렇게 모인 정보들은 글을 쓰는 데, 책을 기획하는 데, 내 사고의 재료로 차곡차곡 쌓여갔다. 그동안 나는 이 똑똑한 도구를 단지 '소비자'로서만 써왔다. 그러나 이제는, 정보를 발신하고 관계를 만들어가는 생산자가 되었다. 내가 직접 글을

쓰고, 노하우를 공유하고, 다른 사람들과의 짧은 댓글 하나로 새로운 글의 씨앗이 생겨난다. SNS는 그 자체로 '글쓰기의 땅'이자, '기회의 통로'가 된다.

    SNS를 통해 즉각적인 성공을 바라는 건 어리석은 일이다. 반응이 없다고, 팔로워가 늘지 않는다고, 너무 조급해하지 말 것. 가장 필요한 건 시간과 꾸준함, 그리고 방향성이다. 사람들은 생각보다 나의 일상에 큰 관심이 없다. 나 또한 타인의 일상을 오래 들여다보지 않는다. 단순한 일상 공유는 피로를 낳는다. 하지만 정보, 경험, 진심, 그리고 정체성이 담긴 콘텐츠는 사람들을 멈추게 한다. 제대로 활용하면 아주 강력한 도구인 SNS. 소통, 브랜딩, 마케팅, 관계, 기회 등 그 모든 가능성은 지금, 이 순간에도 당신 손안에서 흐르고 있다. 왜 해야 하는지, 무엇을 말하고 싶은지, 앞으로 무엇을 만들어 가고 싶은지를 자신에게 제대로 묻고 답한다면, 소비자에서 생산자로 변화할 것이다. 그 변화가 삶 전체를 바꾸는 작은 시작이 되어줄지 또 누가 아는가.

#결국은 삶의 밀도를 바꾸는 일

누군가는 나에게 이렇게 물을 수도 있다. 프리랜서라면 굳이 지방이든 수도권이든 상관없지 않냐고. 어디서든 노트북만 열면 일할 수 있는 게 프리랜서의 장점 아니냐고. 맞는 말이다. 나는 어디에 있든 일할 수 있다. 서울의 카페에서도, 대전의 작업실에서도, 심지어 여행지의 조용한 숙소에서도. 하지만 나에겐 물리적인 공간보다 중요한 것이 따로 있다. 집중할 수 있는 환경, 나만의 리듬, 그리고 지속 가능한 삶의 형태다. 지방에 거주하며 일한다는 건 단지 '비용을 아끼기 위한 선택'이 아니다. 그건 삶의 밀도를 바꾸는 일이다. 덜 분주하지만, 더 충만한 하루를 가능하게 만드는 구조의 전환이다. 도심의 소음과 번잡함, 바쁜 사람들 틈에서 숨 가쁘게 살아가는 대신, 나는 조금 더 느리게 숨 쉬고, 조금 더 깊이 생각하며 하루를 채워간다.

예전엔 스쳐 지나갔을 작은 것들이, 이곳에선 내 하루를 이끌어주는 큰 흐름이 된다. 점심시간에 들리는 새 소리, 늦은 오후 해가 기울 때의 창밖 풍경, 무심코 걷던 길목에 새로 피어난 꽃 하나에도 마음이 닿는다. 무언가를 덜 갖는 삶이 아니라, 더 온전히 느끼는 삶. 그것이 내가 지방에서 살아가며 얻은 가장 큰 변화다. 그리고 이 변화는, 단지 생활의 배경이 바뀐 것이 아니라 일하는 방식, 생각하는 속도, 나를 대하는 태도까지 달라지게 했다.

프리랜서란 외롭지만 자유롭고, 불안하지만 유연한 법이다. 그 유연함은 때로 혼란을, 때로 기회를 가져온다. 그리고 그 모든 가능성을 조금 더 부드럽게 감싸주는 공간이 지금의 나에겐 '지방'이다. 일이 삶을 삼키는 게 아니라, 삶이 일의 방향을 잡아주는 구조. 그 중심에 서보니, 이제야 조금 알 것 같다. 어디서 일하든 상관없는 게 아니라, 어디서든 내가 중심이 되어 일할 수 있는 환경을 만드는 것이 더 중요하다는걸.

대한민국, 생활비와 삶의 질의 역설

#물가는 높고, 삶의 질은 낮은 나라

잡코리아의 조사에 따르면, 연봉 협상을 마친 623명을 대상으로 한 설문에서 평균 연봉 인상률은 5.7%에 그쳤다. 그리고 그중에서도 단 13.8%만이 인상에 만족한다고 응답했다. 대부분의 사람이 연봉 인상률에 아쉬움을 느끼고 있다는 뜻이다. 나 역시 과거 회사에 다니던 시절, 연봉 인상 시즌마다 들었던 말이 있다. "코로나 때문에 회사가 어려워서." 귀에 딱지가 앉을 정도로 반복되던 그 말은 당시엔

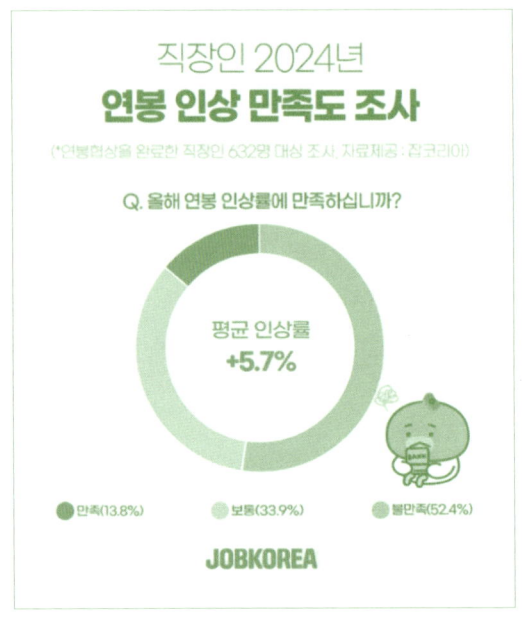

출처 : Jobkorea

어느 정도 납득할 수 있는 변명처럼 들렸다. 하지만 시간이 지나면서 점점 생각이 달라졌다. 연봉은 그대로인데, 물가는 그사이 몇 배나 올랐기 때문이다. 문제는 단순히 연봉이 적다는 게 아니라, 실질적인 생활 수준이 해마다 떨어지고 있다는 것이다.

세계적인 컨설팅 기업 Mercer의 자료에 따르면, 2024년 기준 서울은 전 세계 227개 도시 중 생계비가 16위를 기록했다. 삶의 질 순위는 무려 81위. 살기에는 비싸고, 그만큼의 만족도는 얻기 어려운 도시라는 뜻이다. 하지만 이는 단지 서울만의 문제로 볼 수 없다. 지방에 살고 있어도 물가에서 체감하는 압박은 크게 다르지 않다. 식비, 교통비, 공공요금 등 생활의 대부분을 차지하는 항목들은 이미 수도권과 지방의 차이를 크게 좁혀버렸다. 물류 시스템의 발전, 가격 구조의 평준화, 전국적으로 통일된 유류비와 대중교통 요금. 이 모든 요소가 지역 간 물가 격차를 최소화했기 때문이다. 물론 지역 특산물이나 일부 식자재는 지역 내에서 조금 더 저렴하게 구할 수 있다. 또한 수도권은 서비스 기대 수준이 높기 때문에 서비스 제공자들이 더 높은 품질을 유지하기 위해 추가 비용을 감수하는 구조도 분명 존재한다. 그러나 이런 차이는 일상에 미치는 물가 전반의 영향을 설명하기엔 미약하다.

핵심은 하나다. 대한민국의 물가는 계속해서 오르고 있고, 그에 비해 연봉 인상률은 턱없이 부족하다는 것. '김

밥 한 줄 5천 원 시대'라는 말은 단순한 농담이 아니다. 식료품 가격의 상승은 단순히 '불편하다'는 문제로 끝나지 않는다. 가계의 압박으로 직결되는 심각한 이슈다. 최저임금, 통화정책, 농업 구조, 수입 의존도 등 경제를 구성하는 수많은 요소가 이 문제에 영향을 주고 있지만, 결과적으로 우리는 매일 같이 비싸진 식탁 앞에서 선택을 줄여가는 중이다. 고정된 연봉 속에서 오르는 물가를 따라가기 위해 우리는 더 절약하고, 더 버티며 살아가고 있다. 연봉이 몇 퍼센트 올랐느냐보다, 그 돈으로 얼마나 '살 수 있느냐'가 더 중요하다. 지금의 우리는, '살 수 있는 것'보다 '참아야 할 것'이 점점 더 많아지고 있는 시대를 살아가고 있다.

진짜 문제는 이거죠

#도대체 어디에서 살라는 거야?

    대한민국은 부동산 가격이 유독 높은 나라 중 하나다. 2023년 ECA 인터내셔널이 전 세계 207개 도시의 생활비를 분석한 자료에 따르면, 홍콩은 5년 만에 뉴욕에 1위 자리를 내주었고, 서울은 9위에 올랐다. 그만큼 서울이라는 도시는 세계적으로도 물가와 주거 비용이 높은 편에 속한다. 한정된 땅, 제한적인 신규 공급, 거기에 서울이라는 상징성까지 더해지면 집값은 결국 오를 수밖에 없다. 거기에 더해지는 투기적 수요, 사는 사람이 아니라 버티는 사람, 그리고 사두는 사람이 늘어나는 구조. 그 안에서 집값은 오르기만을 반복하며 어느새 선순환과 악순환을 동시에 일으키는 기이한 현상이 된다.

사실, 한국 사회에서 집을 가진다는 건 단순히 '사는 공간'을 갖는다는 의미 너머에 있다. 집은 안정의 상징이고, 성공의 징표이며, 특히 '서울에서의 집'은 그 모든 상징성을 극대화하는 자산으로 여겨진다. 그 의견에 굳이 반대할 생각은 없다. 그럴 만한 가치가 있다는 것도 알고 있다. 하지만 나는, 그 모든 기준에서 잠시 비켜서 있는 사람이다. 1인 가구로 지내며 당장은 이사 계획도 없고, 한 곳에 뿌리를 내리고 싶다는 생각도 그다지 없다. 어쩌면 나는 아직, 나는 중이니까. 분명한 건 하나다. 나는 분수에 맞지 않는 신축 아파트를 찾아다니며, 무리한 대출을 끌어다 이자에 허덕이는 삶을 원하지 않는다는 것. 언젠가 안정이 간절해질 때가 올 것이다. 정말 '머물고 싶은 공간'을 찾게 될 수도 있겠지. 하지만 지금의 나는, 집값보다 내 삶의 방향에 더 많은 관심이 있다. 그리고 그 방향은 꼭 서울이어야 할 필요도, 꼭 소유여야 할 이유도 없다.

2025년 2월, 전국 미분양 주택 현황을 살펴보면, 서울이 현저히 그 수가 적다. 세종의 경우 뒤늦게 출범된 자치시이며 행정수도의 기능을 하고 있기에 투자 가치가 높은

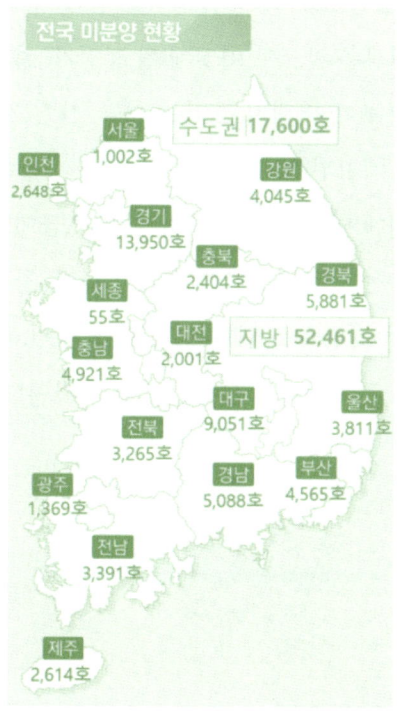

출처 : 국토교통부

지역으로 평가된 탓에 아직 미분양 숫자는 적은 편이다. 세종시 청와대 이전에 대한 논란은 지금까지 의견이 갈리고 있지만, 이 또한 근본적인 목적은 그들 역시 분산시켜야 함을 알기 때문이다.

모두가 집을 소유하기 위해 애쓰지만, 주택 공실은 늘어나는 이 현상은 앞으로 어떻게 될 것인가. 여기에 고령화와 저출산 문제가 더해지고 있는 지금, 사실 지방 주택 공실은 앞으로 예고된 미래나 다름없다. 특히 젊은 세대의 이탈은 이 문제에 더 가담할 것이며, 이를 조금이나마 해소하기 위해 정부는 다각적으로 대처해야 한다. 청년층의 주거 지원 정책 및 고령층을 위한 주거 환경 개선, 부동산 투자에 대한 새로운 패러다임 설정이 필요할 것이다.

거래	매물종류	소재지	건물종류		면적	매물가	층
월세	원룸	노고산동	확인매물 도시형생활주택	알터	21/17	1,000/80	고/7
월세	원룸	현석동	확인매물 원룸형 아파트	아실	25/18	1,000/110	고/35
월세	원룸	신수동	확인매물 일반원룸	알터	24/21	3,000/70	3/4
월세	원룸	상암동	확인매물 일반원룸	부동산뱅크	20/16	3,000/75	4/5
월세	원룸	아현동	확인매물 도시형생활주택	알터	26/18	1,000/96	18/20

출처 : 네이버

나는 지금 대전의 한 오피스텔에 거주하고 있다. 평수는 15평 남짓, 혼자 지내기엔 전혀 불편함이 없다. 지금은 전세로 전환했지만, 처음엔 500에 40, 월세로 시작했다. 그 당시엔 '이 정도면 괜찮다'고 생각했지만, 수도권의 시세를 확인하고 나니 그게 단순히 '괜찮은 수준'이 아니었다는 걸 알게 되었다. 네이버 부동산에 올라온 마포구 매물들을 보면 비슷한 금액으로 구할 수 있는 오피스텔은 제곱미터 기준으로 10평도 채 되지 않는 경우가 대부분이다. 물론 위치와 건물 상태, 교통 접근성 등을 고려하면 비교 자체가 어렵다는 의견도 있을 수 있다. 하지만 현실적으로, 같은 돈으로 같은 조건의 공간을 갖기 어렵다는 건 분명하다.

누구나 선택할 수 있고, 누구나 그 대가를 감당해야 한다. 하지만 그렇다고 해서, 그로 인한 삶의 질 저하까지 '당연한 일'로 여겨져야 할 이유는 없다. '어디에 살 것인가'는 분명 개인의 선택이다. 하지만 그 선택이 누군가에게는 자유이고, 또 다른 누군가에게는 생존의 전략이라면, 우리는 그 격차를 가볍게 넘기지 않아야 한다. 서울에 살아야만 성공할 수 있는 구조, 직장이 있는 곳에 살기 위해 무리를 감수해야만 하는 구조, 그리고 그 안에서 '지방에 산다'는 이유만으로 기회와 연결에서 소외되는 구조. 그 모든 구조 안에서, 나는 지금 내가 가진 조건 안에서 가장 밀도 높은 삶을 살아가려 애쓰고 있을 뿐이다. 도심 밖에서, 나의 생활 반경 안에서 만족할 수 있는 방식으로 삶을 조율하는 것. 그게 지금의 내 선택이다. 그리고 지금 이 선택이, 결코 '비주류'도 '타협'도 아니라는 걸 하루하루 체감하며 살아가고 있다.

#젊어서 고생은 사서도 한다던데

서울만이 정답이 아니라고 생각하는 나는 개인적으로 젊어서는 사서 고생한다는 말에 대해 절반만 동의한다. 내가 틀렸다고 생각하는 사서 고생이란, 서울에서만 기회를 찾는 젊은이들에 대한 반증이다. 대기업도 희망 퇴직률이 늘어나고 있는 요즘 같은 세상에 서울만 가면 문이 열릴 것으로 생각하는 안일한 생각은 '사서 고생' 그 자체이다.

대기업만 바라보다 놓치는 그 아까운 시간들, 그 시간에 대기업이 아닌 곳에서 경력을 쌓는 건 자존심이 허락하지 않는 건가? 시대가 변하고 있다. 스타트업 기업들도 예전과는 비교할 수 없는 속도로 생겨나고 있으며, 원격근무와 디지털 기술의 발전으로 인해 기회는 예전만큼 지리적 제약을 받지 않는다. 또한, 이에 따라 기회는 점점 줄고 있다는 것도 우리는 인지해야 한다.

단일 경로로 정해진 성공의 길은 많지 않다. 중견기업, 중소기업, 혹은 스타트업 기업에서의 경험은 오히려 대기업으로의 전환을 위한 발판이 될 수 있으며, 역량을 키우기 위해선 경험이 필요하다. 아니, 필수다. 서울에 가야 문이 열린다는 생각은 더 이상 절대적인 진리가 아니며 '사서 고생'이라는 단어를 잘못 해석하고 있진 않은지 생각해 보자. 오히려 이 생각이 더 나은 기회를 탐색하거나 나의 또 다른 경로를 찾는 데에 심각한 방해 요소로 작용할 수 있다. 또한 과거에는 대기업 입사 자체가 성공의 척도였지만, 지금은 그 시대 역시 과거 속으로 사라지고 있다. 지방 소도시에서 쇼핑몰을 운영하는 사람들, 카페를 창업해 지역 명소로 자리 잡은 사례들, 온라인 강의 콘텐츠로 스타 강사가 된 이들. 이들은 어디서나 기회를 만들 수 있다는 시대적 증거다.

인생은 계획처럼 흘러가지 않는다는 말을 살면서 참 많이도 들었다. 나 또한 불과 몇 년 전까지만 해도 그 이야기가 좀처럼 와닿지 않았다. 내가 마음먹은 대로, 내가 열심히만 노력한다면 모든 게 다 따라올 줄 알았으니까. 하지만 이제는 안다. 목표는 단순히 도달하고자 하는 지점이 아니라, 그 과정에서 성장하며 배우는 게 더 큰 가치가 된다는 걸. 예기치 않은 상황이 늘 찾아오는 인생에, 그 어느 때보다 빠르게 변화하고 있는 세상에서는 한 우물만 파면 성공한다는 말은 어쩌면 어울리지 않는지도 모르겠다.

"가진 것보다 살아가는 방식이 나를 만든다."

Part 2.

삶의 속도가 바뀔 때
생기는 감정들

Chapter 1
혼자여서 가능한 연결

커뮤니티와 인간관계

#소속감과 연결감이 주는 것

소속감과 연결감은 우리의 정체성을 형성하고, 스스로를 이해하며, 때로는 안전망이 되어준다. 다른 사람과의 관계에서 우리는 배우고 성장하니까. 얻는 게 많은 이유에서일까. 그만큼 인간관계는 늘 어렵다. 우리는 속해있는 커뮤니티에서 인정받고, 존재 이유를 찾고, 무엇보다도 강한 동기를 얻지만, 그 반대의 경우 우울감이 찾아오기도 한다. 혹은 어려운 상황에서 도움을 받기도, 주기도 하며 우리의 시야를 넓혀주고 공감의 중요성을 깨닫는다.

　사람들은 소속감과 연결감이 중요하다는 걸 알면서도, 피로감을 느낀다. 그리고 우리가 속해있는 집단을 꽤 작게 바라본다. 단지 내가 속해있는 회사, 우리 동네, 우리 가족 정도로 말이다. 나라에 큰 경사가 있어도, 위기가 닥쳐도 잠시뿐이다. 혹은, 서로의 의견만 늘어놓기 바쁠 뿐이다. 큰 사회적 집단에 대한 신뢰가 무너지기 시작하면서 우리는 더 믿을 수 있는 작은 커뮤니티에만 집중하고 있는지도 모르겠다.

　연결의 질이 중요하다. 살아가며 수많은 연결과 마주하지만, 그 깊이나 진정성보다는 표면적이고 일시적인 관계로만 머무는 요즘의 현상은 더더욱 우리를 멀어지게 한다. 그래서 우리는 지금, 더 작고, 더 진심으로 연결된 커뮤니티가 필요하다. 함께 견디고, 함께 성장하며, 서로를 기억해 주는 관계. 익명 속에서 잊히는 존재가 아니라, 이름을 불러주고, 이야기를 들어주는 작지만 확실한 연결. 그런 관계 안에서야 비로소 우리는, 진짜 '속해 있다'는 감각을 되찾을 수 있다.

얼마 전 일론 머스크의 우주 기업인 스페이스X가 개발한 우주선 스타쉽이 발사대로 내려앉자 이를 지켜보던 국민들이 환호성을 지르는 영상을 보며 많은 생각이 들었다. 그 광경을 영상으로만 보는 나도 벅찬데, 함께 프로젝트에 참여한 이들과, 직접 두 눈으로 본 국민들은 오죽했을까. 하지만 불과 1년 전 스타쉽은 많은 이들이 지켜보던 자리에서 공중 분해되기도 했다. 당시 일론 머스크는 이렇게 이야기했다. "우리는 최선을 다했고, 다음 비행을 위해 많은 것을 배웠다. 그런 의미에서 이번 발사는 성공."

그의 꿈에서 시작된 스페이스X라는 기업, 그리고 그 꿈을 함께 실현해 나가는 사람들의 수많은 실패와 성공은 앞으로의 우주 산업에 지대한 영향을 줄 것이다. 우리도 다르지 않다. 비록 그들처럼 인류의 역사에 한 획을 긋는 방대한 프로젝트를 하는 건 아닐지라도, 우리가 속한 사회적 집단에 대한 신뢰가 흔들리고 있는 지금, 여전히 우리는 그 집단 안에서 살아가고 있다. 그렇기에 문제를 외면하거나, 나와는 상관없는 일처럼 거리 두기엔, 지금 우리 앞에 놓인 현실은 절대 가볍지 않다. 더 많은 사람들의 목소리가 필요하고, 무관심보다는 조금 더 가까이에서 바라보는 시선이 절실하다. 개인의 이상과 집단의 노력이 결합할 때, 그 안에서 비로소 변화는 시작된다. 우리가 살아가는 이 사회 역시, 함께 만드는 의지 없이는 단 한 걸음도 앞으로 나아갈 수 없다.

#서울깍쟁이?

'서울깍쟁이'라는 말이 있다. 까다롭고 인색하며 자기 이익을 우선시하는 사람을 뜻하는 깍쟁이. 하지만 막상 서울과 지방을 오가며 회사 생활을 해보니 꼭 그렇지만은 않았다. 단지 분위기가 달랐을 뿐이었다. 지방에 비해 본사는 당연히 주요 업무가 집중되어 있고, 자기 일만으로도 벅찬 환경 속에서 남의 일까지 신경 쓰기란 여간 어려운 게 아니라는 걸 누구보다 잘 알고 있다.

나에게 서울과 지방의 차이점은 그냥 이랬다. 본사는 본인들이 더 일이 많고 바쁘다는 생각이 늘 내재되어 있었고, 지방은 오히려 더 많은 이들이 분담해야 할 일을 더 적은 인원이 하는 것이 불만이었다. 서로서로 이해하지 못하는 상황들이 지속되었다. 당연한 일이었다. 서로가 겪어보지 못한 일들에 대한 편견과 '내가 제일 힘들다'는 이기심이 상황을 더 악화시켰다. 이건 서울과 지방의 모든 이들이 똑같았다.

하지만 결속력에 대한 차이점은 존재했다. 물론 부서별로 차이점도 존재했지만, 본사 직원들에 비해 적은 인원으로 운영되는 지방 사무실의 특성상 더 끈끈해지고, 서로를 도울 수밖에 없었다. 난 오히려 그래서 지방이 좋았다. 예전에 비해 사사건건 남의 일에 간섭하고 불필요한 자리를 권유하는 문화에 지친 이들의 목소리에 수많은 공감이 더해져 이로 인한 인식 변화가 많은 걸 바뀌게 했지만, '대전팀'이라는 이름 아래에 함께 웃고, 부딪히고, 버텨낸 그 시간이 소중하고 애틋했다. 특히 우리 팀은 유난하여도 결속력이 강했기에 그 따뜻한 온기를 나는 지금도 잊을 수 없다. 나는 똑똑한 깍쟁이보단, 두루뭉술한 바보 쪽에 가까웠다.

오해하지 말자. 서울깍쟁이는 단지 조선 시대 한양을 중심으로 상업 활동과 관련된 상인들의 경제적 능력을 상징했던 표현에서 유래되었을 뿐이다. 치밀하고 꼼꼼한 사람을 가리키는 말, 그 이상도 그 이하도 아니다. 그 어느 곳보다 경쟁이 치열한 도시에서 깍쟁이처럼 구는 건 오히려 당연한 것 아닌가. 지방에도 깍쟁이는 적지 않게 존재한다.

#사라지는 애향심과 애교심

오랜 기간 서울이 대한민국의 중심지로 인식되며 오며 경제, 정치, 문화적 기회도 서울에 집중되어 있다. 이에 따라 지방 출신의 사람들이 서울로 이주하며 서울에서의 생존과 성공에 더 집중하며 그들의 결속력을 약화하는 요소로 작용하기도 한다. 특히나 젊은 층들의 이주는 지역 커뮤니티의 활력을 떨어뜨리기 마련이다. 반면 지방에 남아있는 이들은 자신의 지역에 대한 정체성을 가지고 있을 뿐이다. 보통 지역 내의 긴밀한 관계, 지역 축제나 문화 행사, 지역의 특색있는 전통을 통해 형성되며 이주 과정에서 출신

지에 대한 정체성은 유지하되, 다른 곳에서 생활하며 또 다른 정체성이 생기는 이중 정체성이 생겨나기도 한다.

고향을 아끼고 사랑하는 애향심은 점점 사라지고 있으며, 사라져가는 애향심과 함께 학교에 대한 애교심도 줄어들고 있다. 동창회가 동문회는 옛날 사람들 이야기일 뿐, 나 역시 아직까지도 초등학교 동창들과 자리를 함께하는 아버지를 보면 그저 놀랍고, 어딘가 낯설게 느껴진다. 빠르게 변하는 도시, 흩어지는 인연, 더 넓어진 삶의 반경 속에서 한 자리에 오래 머물며 관계를 이어가는 일은, 이제 젊은 세대에겐 낯선 방식이 되었다. 고향과 모교에 대한 애정은 앞으로 점점 더 희미해질지 모르지만, 그럼에도 어딘가 마음 한편이 아쉽다. 지금의 우리는 효율을 선택했고, 그 이전의 세대는 온기를 지켜냈다는 사실이, 그 아쉬움의 정체인가 보다.

물론 예부터 지금까지 혈연, 지연, 학연 없이 힘든 사회는 문제였다. 서로 호의를 베풀고 편의를 봐주는 것을 넘어, 그것이 차별이나 불법으로 이어진다면 그건 더 이상

'정'이나 '의리'가 아니라 공정성을 해치는 관행일 뿐이다. 하지만 적어도 내가 태어난 고향과, 내가 다닌 학교에 대한 애정까지 사라지는 요즘 사회가, 그 상실이 그냥 아쉽다. 공통분모가 있는 사람끼리 서로를 도우며, 긍정적인 유대 관계를 쌓아가는 정도. 그 정도도 못 하는 요즘이기에.

#드라마 응답하라, 그리고 오이소박이

대문을 활짝 열어놓고 다녔던 시절, 복도식 아파트에선 현관문을 열어 환기를 시키던 옛 시절에 비하면 지금은 모든 문이 굳게 닫혀있다. 나 또한 오피스텔에 거주하다 보니 옆집에 누가 살고 있는지 사실 아직도 잘 모르겠다. 어느 날 본가에 가기 전 엄마한테 전화드렸다. 그날따라 오이소박이가 먹고 싶었다. 엄마는 당연하다는 듯 동네 친구들에게 전화를 돌렸다. "내일 우리 딸 온대. 집에 오이소박이 있어? 있으면 좀 줘." 우리 동네엔 내가 본가를 가는 날 과일과 먹을 것들이 하나둘씩 모이기 시작한다.

또 어느 날은 엄마의 동네 친구 딸이 본가를 온다는 말을 듣고, 엄마는 시장으로 가 닭발을 사 요리를 하기 시작했다. "그 집 딸이 닭발을 그렇게 좋아한대." 마치 드라마 <응답하라>가 현실이 된 듯했다. 웃기기도 하고, 참 따뜻하기도 했다. 동네 주민이라는 말이, 요즘 대도시에선 큰 의미가 있을까. 과거와 같은 의미를 지니고 있을까? 다양한 배경의 사람들이 모여 사는 장소일수록 다양성을 제공하지만, 동시에 그만큼 더 개인적인 공간을 요구한다. 또한 직업이나 생활의 변화로 인한 이주가 잦은 요즘, 이웃과 장기적인 관계 형성은 더더욱 어렵다. 하지만 지방에서의 커뮤니티는 여전히 중요한 역할을 하고 있다. 작은 마을이나 동네에서는 사람 간의 관계가 꽤 밀접하고, 교류가 너무나도 일상적이다.

요즘 우리는 어떤 방식으로 커뮤니티를 만들고 있을까. SNS와 온라인 공간 속에서 '좋아요'와 '댓글'로 이어지는 가벼운 연결, 속도와 효율은 빠르지만 정작 이웃과 눈을 마주치고 웃으며 인사하는 일상 속 따스함은 점점 사라지고 있다. 그래서일까. 가끔 본가를 갈 때면 느끼는 그 작은 따스함이 참 좋다. 지금의 우리는 커뮤니티의 형태가 빠르게 변하고 있는 시대를 살고 있다. 그 안에서 우리는 어떤 균형과 온기를 지켜나갈 수 있을까. 앞으로 어떤 새로운 연결 방식들이 생겨날까. 그리고 그 변화에 우리는 어떻게 적응해야 할까에 대한 생각이 많은 요즘이다. 어쩌면 시간이 흘러 나 역시 부모님의 나이가 되었을 때, 그때도 누군가와 따뜻하게 정을 나누며 웃고 싶은 마음 때문일지도 모르겠다. 드라마 응답하라 시리즈가 그렇게도 많은 사랑을 받았던 이유, 그건 결국 우리 모두의 마음속에 여전히 '그 시절의 따뜻한 연결'을 그리워하는 마음이 있기 때문일 것이다.

"혼자 걸어왔기에, 진짜 인연을 만났다."

Chapter 2
고요 속의 정서

정서적 여유가 주는
행복

#스트레스, 그리고 긴장감

스트레스와 긴장감은 분명히 다른 차이를 가지고 있다. 하지만, 이 둘의 공통점은 살면서 피할 수 없다는 것이다. 긴장감은 보통 특정 상황이나 사건에서 단기적으로 발생하는 반면, 스트레스는 긴장감보다 더 지속적으로 작용하고 다양한 생활 요소에 의해 유발된다. 둘 다 부정적인 맥락으로 언급되는 경우가 많지만 사실 이 둘은 긍정적인 영향을 미치기도 한다.

긴장감은 목표 달성이나 상황 대처를 위한 에너지를 만들어내고, 스트레스는 이를 추진하는 동기부여가 되기도 한다. 과정에서 스트레스는, 극복하는 순간 성취감으로 바뀌며 이는 자존감을 높이는 데에 큰 역할을 하며 스트레스를 통해 우리는 문제해결 능력과 적응력을 키워나간다. 또한 긴장감과 스트레스가 없는 상태에서는 새로운 아이디어나 해결책을 찾기 어렵지만 적당한 긴장감과 스트레스는 창의적 사고를 촉진한다. 즉, 우리 일상에서 적당한 긴장감과 스트레스는 필요하다.

하지만 우리의 일상을 둘러보자. 하루에 "스트레스받아!"라는 생각을 몇 번이나 하는가? 혹은 이 말을 몇 번이나 내뱉는가? 심리학에서 다루는 개념 중 하나인 '라벨링 효과'. 이는 어떤 사람이나 상황에 특정 라벨을 붙임으로써 그 라벨이 사람의 행동이나 인식에 영향을 미치는 현상으로, '스트레스받는 사람'이라는 라벨을 스스로 붙이면 그 라벨이 스트레스를 더 심하게 느끼게 만드는 역할을 하며 그 라벨을 통해 스트레스가 더 많이, 더 자주 의식된다고 한다.

따라서 우리는 스트레스를 완전히 없애려는 대신, 관리하고 그 균형을 유지해야 하는데, 이는 사실 너무나도 어려운 일이다. 어떻게 받아들이고 활용하느냐에 따라 성장과 발전의 원동력이 될 수 있지만, 스트레스의 양과 그에 대한 대응 방식에 더 집중해야 한다. 곰곰이 생각해 보자. 나의 일상에서 가장 크게 스트레스를 유발하는 요인이 무엇인지, 그 요인이 내 성장과 발전에 원동력이 되는 스트레스인지 말이다.

#정서적 여유는 시간 낭비가 아니다

정서적 여유는 일상생활에서 스트레스나 긴장감 없이 마음에 여유가 있는 상태를 의미하는데, 사실 매일매일 정서적 여유를 만끽하며 살아가기란 불가능하다. 하지만 일주일에 하루쯤은 감정적으로 안정적이고 정서적 여유를 느낄 시간이 우리에겐 필요하다. 정서적 여유는 스트레스와 관련이 깊으며 타인과의 관계와 인내심, 창의성에도 영향을 미치지만 사실 나에게 있어 정서적으로 여유로운 상태가 필요한 이유는 이때, 보다 더 나은 의사결정을 내릴 수 있음을 알기 때문이다.

특히나 앞으로의 인생에 막대한 영향을 미치는 퇴사나 이직, 이사, 결혼 등에 관한 결정은 반드시 감정과 이성이 균형적인 상태에서 내려야 한다. 인간은 감정적인 동물이기에 모든 결정에서 감정을 배제할 수 없기 때문이다. 감정을 무시하지 않되, 이를 바탕으로 이성적인 분석을 더 하는 시간. 우리에겐 그 과정을 충분히 검토할 여유가 필요하다.

사람들은 명상이나 수련, 취미활동, 자기돌봄, 온전한 휴식, 운동 등 저마다 각기 다른 방식으로 정서적 여유를 키우고 있다. 누군가는 타인이 선택한 정서적 여유의 방식에 대해 시간 낭비라 말하기도 한다. 뛸 수 있을 때 뛰어야 한다며, 젊을 때 달려야 한다며 말이다. 우리 인생에서 중요한 것은 성취보다 성숙과 성장이다. 또한 성공과 성취는 단순히 달성한 목표의 수만으로 측정되지 않는다.

삶의 질, 행복과 만족감 또한 중요한 평가 기준이 아닌

가. 젊을 때 달려야 한다는 말도 맞지만, 그 과정에서 자신을 과도하게 소진한다면, 결국 지속 가능한 성장을 이루기 어려울 것이다. 이때, 우리는 정서적 여유를 통해 에너지를 재충전해야 한다. 아무에게도 방해받지 않는 나만의 시간, 바쁘게 흘러가는 일상에서 감정이 평온할 때 앞으로의 계획을 수립하고 재정비하는 건 생각보다 삶에 다양한 변화를 줄 것이다.

#내향인과 외향인

내향성과 외향성은 결국 스펙트럼일 뿐이다. 사람들은 누구나 두 성향을 모두 갖고 있으며, 단지 어느 쪽이 더 강하게 발현되느냐의 차이일 뿐이다. 나는 사실 MBTI를 크게 신뢰하지 않는다. 하지만 내향인과 외향인의 뚜렷한 차이는 어느 정도 체감하고 있다. 나는 혼자 있는 시간에 에너지를 충전하고, 사람이 많은 장소에서는 쉽게 지치는 전형적인 내향인이다. 한 번은 친구들이 단풍놀이를 가자고 연락을 해왔는데, 나는 "쇼츠 영상으로 볼게."라고 대답하며 웃어넘겼다. 결국 그들에게 끌려 나가긴 했지만, 내겐 그런 외출이 오히려 에너지를 소모하는 일이었다. 반대로 외향인 친구들은 다르다. 사람들과 어울리고, 바깥 활동을 하며 생기를 얻는다. 지방에 근무 중인 한 지인은 주말마다 서울로 올라간다고 했다. 그곳에서 친구들을 만나고, 전시를 보고, 번화한 거리를 걸으며 충전한다는 것이다. 그것이 그 사람만의 리듬이고, 에너지의 방식이다. 이처럼 내향성과 외향성은 단순한 구분이 아니라 각자가 살아가는 방식, 세상을 바라보는 방식의 차이다. 그리고 이 차이는 어디에 사느냐, 어떤 삶의 환경을 선택하느냐에도 분명 영향을 미친다.

나는 내향인이기에 복잡한 서울보다, 조금 더 한적하고 조용한 동네가 좋다. 반면 외향인들은 놀 곳이 부족하다며 지방살이를 포기하기도 한다. 우리가 다르게 반응하는 이유는, 결코 누가 옳고 그름의 문제가 아니다. 서로 다른 방식으로 세상을 살아가는 사람들일 뿐이다. 또 대부분의 사람은 완전히 한쪽 끝에 있는 것이 아니라, 상황과 관계에 따라 성향이 달라지기도 한다. 직장에서 보이는 모습과, 가장 편한 친구들 앞에서의 모습이 다른 것처럼 말이다. 그래서 우리는 서로를 함부로 판단해서는 안 된다. 우리는 모두, 어느 순간엔 내향인이기도 하고, 어느 상황에선 외향인이기도 하니까.

하지만 한 가지는 분명하다. 서울살이는 내향인에게 쉽지 않은 구조다. 그건 사회성이 부족해서가 아니라, 단지 그 도시의 빠르고 시끄러운 리듬이 내향인의 삶과 잘 맞지 않기 때문이다. 내향인인 나에게 '지방살이'는 선택이 아니라, 생존에 가까운 필수다. 지금처럼 조용한 동네에서, 나만의 속도로 살아가는 삶. 가끔 강의하며 새로운 사람들과 대화를 나누고, 그 안에서 또 다른 에너지를 얻는 것. 그거면 충분하다. 나는 인사이더도, 아웃사이더도 아니다. 그 경계 어디쯤에서, 필요한 만큼만 관계를 열고, 그 외에는 나를 지키며 살아가는 중이다. 이게 지금의 나에겐, 가장 나다운 자리다.

Chapter 3

불안도 함께 줄어든다

개인의 성장이
곧 사회의 발전

#'나 하나쯤이야'는 사실 사라지지 않을 거야

'나 하나쯤이야'라는 표현은 어린이 도서에서도 쉽게 찾아볼 수 있을 만큼 우리에게 익숙하다. 우리 인생은 수많은 작고 큰 순간과 선택의 합으로 구성된다. 이는 개인 차원에만 해당하는 게 아니라, 사회적, 세계적인 차원에서도 마찬가지이다.

결국 우리가 매일 하는 작은 선택이나 행동은 시간이

흐르며 우리의 인생을 형성하고, 그 선택들은 결국 우리가 누구인지, 무엇을 이루었는지에 대한 큰 그림을 그려내는 것과 같다. 또한 각자의 소소한 일상이 모여 사회적 규범, 문화적 가치, 경제적인 흐름을 만들어 내며 우리가 누리고 있는 수많은 기술의 발전 역시 개인의 창의적이고 혁신적인 작은 아이디어나 노력에서 시작된 것들이다. 결국 작은 변화들, 개인의 행동들이 모여 사회의 진보로 이어진다.

그럼에도 우리는 여전히 많은 순간을 '나 하나쯤이야'라는 생각과 그에 따른 행동으로 채우고 있다. 환경 보호, 윤리적 소비, 사회적 정의 등 여러 방면에서 말이다. 나 또한 환경 보호에 앞장서고 있는 깨어있는 인간이 아니기에 사실 할 말이 없다. 환경을 위해 아무것도 소비하지 않고 살아야 한다면, 우리는 실오라기 하나 걸치지 않고 살아야 할지도 모른다. 하지만, 앞으로 남은 인생에 있어서 수많은 부분에서 부끄럽지 않은 삶을 살아가고자 한다. 모든 면에서 완벽하게 살 순 없지만 단순히 나 자신에게 떳떳하다면, 부모님께 부끄럽지 않은 자식으로 살아간다면 그리 나쁜 인생은 아닐 것 같다.

'나 하나쯤이야'는 사실 앞으로도 사라지지 않을 것이다. 하지만, 우리는, 정부는, 세계는 현재 '지속가능성'을 가장 중요시하고 있다. 지속 가능성에 대한 관심이 높아진다는 건, 미래 세대에 어떤 영향을 미칠지에 대한 생각이 깔려있기 때문이 아닐까. 미래 세대는 지금보다 지역 갈등이 적은 나라에서, 비교와 경쟁에서 조금은 평화로운 나라에서 살기를 바랄 뿐이다.

#님투현상과 님비현상

'나 하나쯤이야'라는 생각으로 생겨난 용어가 바로 님투(NIMTOO)현상이다. Not In My Terms Of Office의 약자로 공직자가 자신의 임기 중에 일을 무리하게 추진하지 않고, 안일하게 시간이 흐르기만을 기다리는 것을 뜻하는 이 용어는 'Of Office'가 빠진 'NIMT'로 불리기도 한다. 단순히 공직사회를 넘어 기업이나 조직에서 일어나는 '나 하나쯤이야'와 같은 현상들이다. 이는 작은 이기심에서 시작되지만 두려움이나 무능력, 혹은 책임 전가와 같은 다양한 요소들이 함께 작용한다.

비슷한 용어로 "내 뒷마당에는 안 돼(Not In My BackYard)"의 약어인 님비(NIMBY)현상 역시 우리 사회에서 적지 않게 보이는 현상이다. 지역 주민이 각종 문제를 이유로 시설 유치를 거부하며 집단행동을 하거나 공공의 이익에는 부합하지만, 자신이 속한 지역에선 반대하는 행동들이 대표적인 예이다. 꼭 필요한 시설임에도 반대하는 경우 혹은 실제로는 문제가 되지 않거나 오히려 득이 되는데도 불구하고 집값과 같은 요인으로 반대하는 경우들이 있다.

차량기지, 교도소, 화장터, 쓰레기 매립장, 요양원 등 대표적인 혐오시설이 이에 속하는데, 사실상 이러한 문제들이 지속되는 가장 큰 이유는 바로 부동산에 있다고 해도 무방하다.

혐오시설을 반대하는 주민들 또한 국민으로서 정당한 권리를 행사하는 것이기에 그 자체만으로 비판받을 일은 아니지만, 이러한 시설들이 필요한 시설인 것도 분명하기에 갈등은 계속해서 생겨날 수밖에 없을 것이다. 앞으로 지역 소멸에 빨간불이 켜진 지역들은 부동산 가치가 이미 낮아지고 있기에 이러한 문제들이 더 많이 발생할 것으로 예상된다. 때문에 민주적인 절차를 통해 지역 개발 프로젝트가 함께 제안되어야 할 것이다.

경상북도 청송군은 이미 교도소가 4개나 있는데도 불구하고 여자교도소를 추가로 건립해 종합 교정 타운을 조성하겠다는 계획을 발표했다. 교도소가 지어지며 면회객들이 오가며 식사하거나 숙박하고, 교도관과 그 가족들이 이사를 오며 일자리도 증가했다. 이로 인간 국가 예산 지원은 물론 실제로 경제적인 효과를 지역 주민들은 직접 체감하고 있다. 이로인해 청송군은 지역을 살릴 방안으로 오히려 교도소 추가 유치를 내세운 것이다. 혐오시설이라는 단어에 갇혀 잠재적 긍정 요소까지 외면하지 말자. 정부 차원에서 혐오시설 유치 지역에 대한 인센티브 제공 제도를 마련하거나, 주민 참여형 설명회 및 실질적인 지역 상생 모델 개발이 병행된다면 부정적 인식을 줄이고 지속 가능한 수용과 공존의 방식으로 이어질 수 있다. 무작정 수용을 요구하는 것이 아닌, 제도적 안전장치와 문화적 공감이 함께 구축될 때 비로소 혐오시설은 지역 사회의 기회가 될 수 있다.

#이기적인 우리는 계속 성장 중이다. 사회와 함께

사람은 누구나 다 이기적이다. 하지만, 그런데도 성장 중이다. 매 순간, 매시간 속에서 하루에 하는 수많은 결정 속에서 우리는 매일 성장하고 있다. 그리고 그렇게 성장하는 개인들이 모여 사회가, 세상이 돌아가고 있다. 하지만, 우리 사회와 세상 역시 우리와 함께 계속해서 성장 중이라는 미완성의 단계임을 잊지 말자.

이기적이지 않은 사람은 없다. 개인이 이익을 추구하는 과정에서 자연스럽게 이어지는 타인과의 협력과 공감 속에서 공동체가 형성되고, 더 나아가 사회적 책임으로 확장되기도 한다. 매일의 소소한 결정과 작은 선택들이 모여 큰 변화를 만들어 내며, 개인과 사회 모두 지속적인 학습과 성장을 필요로 한다. 모두가 정체되지 않기 위해, 현재보다 나아지기 위해, 한 부분이라도 개선하려는 의지를 가지고 있다.

결국 개개인의 인식과 성장은 사회와 연관되어 있을 수밖에 없고, 그렇기 때문에 우리는 더 책임감 있고 의식적으로 행동해야 한다. 불특정 다수에게 악플을 단다고 세상이 달라지지 않는다고? 아니다. 달라진다. 그들로 인해 악플에 대한 처벌법이 생겨나거나 실명제가 도입되고, 온라인 행동에 대한 인식이 변화되기도 하니까. 악플은 가해자 자신의 세상이 가치 있지 않을 뿐, 오히려 세상은 이를 통해 달라지기도 한다. 이처럼 개인의 행동이 모여 사회에 영향을 주듯이 개인의 성장 또한 사회의 성장에 이바지한다는 건 너무나도 당연한 논리이다.

누군가의 아이디어가 사회적인 혁신으로, 개인의 지적이 사회적 문제의 변화로, 자기 계발을 통해 획득한 무언가가 경제적 가치를 창출하기도, 개인이 참여한 커뮤니티가 봉사와 프로젝트도 형성되기도 하며 결국 우리의 성장은 단순히 개인적인 발전을 넘어 사회적, 경제적, 환경적 차원에서 긍정적인 변화를 촉진할 수밖에 없다. 우리는 각자의 삶을 통해 모두가 사회에 기여할 수 있으며, 이 기여가 모여 더 큰 사회적 발전을 이루어 낼 것이며, 우리는 사회와 여전히 상호작용 중이다. 그리고 함께 발전하는 중이다.

#성장과 자기 계발, SNS에서 보이는 자기 계발은 좀 질려

 회사에 다니는 동안 나는 자기 계발과 담을 쌓고 살았다. 지금 와서 생각해 보면 시간이 없다는 핑계를 참 오래도 해왔다. 오히려 지금보다 남아도는 게 시간이었는데 말이다. 그리고 그때의 난 책을 읽거나 무언가를 배워 지식이나 스킬을 향상하는 것 만이 자기 계발인 줄 알았다. 생각보다 자기 계발의 영역은 너무나도 방대했다. 삶의 질을 높이기 위해 스스로 선택하고 실천하는 모든 노력. 무언가를 '이루는 것'만이 아니라, 내 삶을 조금 더 나답게 가꾸고 싶은 의지와 실천의 시간. 그 자체가 바로 자기 계발이었다.

 오히려 다양한 SNS를 운영하며 요즘엔 보여주기식 자기 계발에 지쳐간다. "무조건 해라", "일단 해봐라"는 식의 수많은 문장. 처음엔 동기부여가 되기도 했지만, 어느 순간부터 하지 않으면 안 될 것 같은 압박으로 다가왔다. 마치 멈춰 있는 사람은 뒤처진 사람처럼, 쉬고 있는 시간마저 불안하게 만들기도 했다. 물론, 자기 계발은 분명 필요한 일이다. 하지만 그것이 반드시 거창할 필요는 없다. 무엇을 하든, 어떤 방식이든, 중요한 건 제자리에 머물지 않으려는 마음이다.

회사에 다니며 경력을 쌓는 것, 직무 능력이 향상되는 것, 인간관계를 배우는 것 또한 어찌 보면 자기 계발이 아닌가? 하지만 회사 생활 안에서 나 자신이 어디로 가고 있는지, 어떤 가치와 목표를 향해 나아가고 있는지가 동반되지 않는다면, 단순한 직책과 직함만이 중요한 생활이라면 그건 자기 계발이라 할 수 없을 것이다. 물론 회사 생활 이외에도 개인의 목표와 가치에 부합하는 삶을 살기 위한 다양한 활동과 배움이 플러스 된다면 더할 나위 없겠지만, 가장 중요한 건 우리는 끊임없이 배워야 하며, 배우고 있다는 것이다. 그것이 꼭 지식에 국한된 게 아니더라도 말이다. 우리가 그저 '있는'것이 아니라 '성장하고 있는 존재'임을 기억하자. 단순히 존재하는 것에서 벗어나 방향을 정해 천천히 걷기만 해도 괜찮다. 나 또한 지금, 그렇게 조금씩 나아가고 있다.

나도 이 나라가 싫었던 시절이 있었다

#싫다 싫다 하면 끝도 없더라

사람은 참 이상하다. 좋았던 것이 싫어지는 건 한순간이지만, 싫었던 것을 다시 좋아하기란 여간 쉽지 않다. 복잡하고 변덕스러운 감정은 종종 순간적이고 충동적이기도 하며 긍정적인 감정보다 부정적인 감정이 더 강렬히, 오래도록 지속된다. 나도 내가 사는 이 나라가 싫었던 순간이 있었다. 정치적인 성향이 강한 편은 아니지만 특정 주제의 뉴스는 쳐다도 보기 싫거나, 가슴 아픈 참사들이 일어났을 때 유독 이 나라가 싫었던 것 같다.

대한민국은 아직도 멀었다며 선진국을 부러워하는 소리를 하염없이 내뱉고, 정치인들을 싸잡아 욕했고 사실 아직도 그들에 대한 색안경은 완벽하게 벗지 못했다. 하지만 지금 와서 생각해 보니 난 우리나라 자체가 싫었던 것이 아니었다. 그저 긍정적인 생각보다 부정적인 생각이 더 컸던 것일 뿐. 나라를 싫다고 욕하던 그 시절에도 나라를 지켜온 이들의 이야기를 들으면 가슴이 뜨거워졌으니까.

정치적 불만, 문화적 비교에 대한 부정적인 감정에 애국심과 공동체 의식, 영웅주의는 늘 공존했던 것 같다. 또한 국가에 대한 부정적인 감정은 때때로 나에게 나 자신을 돌아볼 기회를 주기도 했다. 문제를 인식하고 변화를 원하는 마음 자체가 결국 더 나은 사회를 만들기 위한 바람의 반영이었다.

그래서 이제는 단순한 불만에 그치지 않고 더 나은 사회를 향한 열망과 연결 짓기로 마음먹었다. 애국이 뭐 별거

인가. 애국심 자체가 비판적인 시각을 포함하고, 그 비판적인 시각은 국가를 사랑하기 때문에 더 나아지길 바라는 마음에서 나오는 것이라 생각하기로 했다. 결국 그 생각들이 꼬리를 물어 나에겐 이 책을 집필하는 시간을 선사해 주었기에 나에게 있어 나라에 대한 부정적인 시각은 단순한 '싫어'가 아니라 그저 깊이 있는 인사이트일 뿐이다.

#완벽한 사람이 없듯, 완벽한 나라도 없잖아

어린 시절 그렇게 동경했던 선진국, 그중에서도 강대국인 미국. 난 그들이 나라를 지킨 이들, 특히 군인을 대하는 시민의식이 가장 부러웠다. 그저 좋은 것만 보고 싶었던, 아무것도 몰랐던 시절이었다. 물론 그들에 비해 우리나라는 아직도 멀었지만, 식당에서 만난 군인들의 밥값을 계산해 주거나 그들을 응원하는 따뜻한 메시지들은 우리나라에도 존재한다. 그리고 세상에 모든 게 살기 좋은 완벽한 나라가 없음을 깨달았다.

지금은 사실 대한민국이라는 나라에 태어난 것만으로도 감사할 따름이다. 특히나 의료보험 시스템과 인터넷 속도, 높은 치안 수준과 한류열풍으로 시작된 문화적인 영향력은 타 국가가 부럽지 않을 정도다. 지난 수십 년간 급격한 경제 성장을 이룬 국가라는 것, 지금은 세계 10대 경제대국 중 하나로 자리 잡았다는 것 자체가 얼마나 자랑스러운 일인가. 전 세계가 폐허였던 한국의 발전과 국력에 놀랄 정도 아닌가.

이 정도면 살만한 나라다. 더 바라는 건 욕심이다. 어떤 나라도 완벽할 수는 없지만, 중요한 건 나라의 문제점을 인식하고 개선하려는 노력, 그리고 긍정적인 측면과 더불어 이 나라를 위해 애써온 수많은 이들의 노고를 잊지 않고 다음 세대에게 전달하는 것이다. 미래세대는 과거 세대에게서 교훈을 배우고, 현재의 성과를 이어 나갈 것이기에 우리는 많은 이들의 희생과 노력이 헛되지 않았음을 보여주고, 이러한 가치를 그들에게 전수해 야 한다. 우리부터가 대한민국에 대한 불신으로만 가득한 말만 내뱉는다면, 그들 또한 결국 불신으로 가득한 눈으로 세상을 바라볼 것이다. 우리는 그들에게 건강한 국가관과 사회적 가치를 전수할 의무가 있고, 우리가 보여주는 태도와 행동이 미래 세대의 시각을 결정짓는 중요한 요소라는 사실을 늘 기억해야 한다.

#외국에서 오히려 좋게 평가하는 대한민국

우리가 스스로 우리나라를 깎아내리기 바쁜 요즘, 오히려 외국에서 우리나라를 더 긍정적으로 평가하고 있는 분위기다. 대한민국은 조선, 자동차, 반도체, 건설, 화장품 등 다양한 산업 분야에서 세계적인 경쟁력을 갖추고 있으며 여러 방면에서 국위선양을 이어가고 있다. 삼성과 LG로 인해 외국의 수많은 기업이 타격을 입었고, 그만큼 한국의 기술력은 전 세계에 영향을 미치고 있으며 유엔은 대한민국의 전자정보 기술이 전 세계 1등 수준이라고 발표하기도 했다.

또한, 정부는 2027년까지 세계 3대 AI 강국으로 도약하기 위해 '대한민국 AI 혁신 청사진'을 발표했으며 이를 위해 AI 산업 육성과 AI 융합 인재 양성을 위해 힘쓰고 있다. IT 강국인 우리나라에서 AI 시장에 큰 역할을 할 것이라는 점은 나 또한 믿어 의심치 않는다. 다만, 안타까운 건 인구수 대비 연구원 수는 많지만, 그들을 위한 실질적인 지원이 턱없이 부족하다는 것. 이 또한 우리가 앞으로 개선해야 할 문제임이 틀림없다.

대한민국은 우리 생각보다 훨씬 더 대단하고 강한 국가임을 잊지 말자. 물론, 지금 당장 코앞으로 다가온 지방소멸 문제가 우리에게 숙제로 남아 있지만, 그렇다고 해서 성급하게 가속 페달을 밟을 수는 없다. 십 년 전부터 지방소멸의 위험성을 경고하며 사회적 파장을 일으킨 일본보다 우리는 더 심각한 수준이며 남은 시간 역시 길지 않다. 국내보다 외국에서 더 인정받는 나라인 대한민국, 이대로 간다면 많은 순위에서 우리는 자리를 내주어야 할 것이다. 그러니 지금 우리가 할 일은, 이 땅의 모든 가능성이 서울에만 있지 않다는 걸 믿고, 더 많은 곳에서 더 많은 삶이 피어날 수 있도록 한 걸음씩 마음을 모으는 일이다. 아름다움은 중심이 아닌, 외곽에서부터 천천히 피어오르기도 한다.

#일본 카미야마초 마을의 반란

현실적으로 지방 소멸이 더 빨리 시작된 일본 역시 포기할 곳은 포기했다. 모든 지방을 살릴 순 없다는 걸 나 또한 인정한다. 하지만, 지방에 있는 거점 도시들을 대상으로, 집중할 곳에 더 많은 집중을 해야 한다는 생각이다. 어차피 인구수는 계속해서 줄어들 것인데, 모든 지역에 모든 인구가 건강하게 균형 잡아 터를 이루기란 지금의 현실에선 불가능하다. 한편으론 지방 소멸이라는 단어 자체가 낙인이 되어, 오히려 더 문제를 키우고 있다는 시각도 있지만, 그건 회피와 다름없지 않나. 한정된 시간과 자원을 모든 곳에 나눠 쓰는 것 자체가 말이 안 되는 이야기이다.

물론 예외는 있다. 고령화율 54%에 다다르는 도쿠시마현 내 카미야마초 마을. 그곳의 인구는 약 5,000명이다. 이곳엔 특별한 보조금도 지원되지 않는데도 불구하고 청년들이 모여들고 있다. 카미야마초 마을은 '카미야마 국제 교류협회'라는 시설을 세우고, 미국의 원어민 교사와 해외 예술가들을 마을에 초청해 거주와 예술 활동을 지원했고, 예술가들은 카미야마초의 아름다운 자연 경관을 벗 삼아 영감을 얻고 마을 곳곳에 작품을 전시했다. 또한, 이 사업을 지속적으로 운영해 나가기 위해 비영리법인 '그린밸리'를 창설해 외부에서 벤처기업을 유치하자 웹디자이너, IT 관련 전문가, 예술가, 공예품 장인 등 다양한 직업을 가진 젊은이들이 마을로 모여들기 시작했고, 현재 5,000여 명의 마을 주민 중 400명 정도가 이주민이며, 평균 연령이 급속도로 낮아지고 있다.

지방 소멸과 고령화 문제의 기로에 놓인 한 마을에서의 변화는 현재 많은 국가에 모범 사례로 꼽히고 있으며 그들은 자연 그대로의 모습을 지니고 있는 카미야마초 마을은 거창한 개발이 아닌 자연 그대로의 모습이 가장 강력한 자산임을 깨달았다. 또한 마을 주민들이 한마음 한뜻으로 움직이지 않았다면 가능하지 않았던 일이었다. 그들은 자신들의 마을을 진심으로 사랑했고, 포기하지 않았다. 그 마음이 모여 이런 기적 같은 일을 만들어 낸 것이다. 그들이 자신이 사는 마을을 싫어했다면, 그렇게 멋진 변화는 아마 생기지 않았을 것이다.

우리는 그들의 정책과 모델을 참고해야 한다. 하지만 그보다 먼저, 내가 발 딛고 사는 이곳을 얼마나 사랑하고 있는지, 그 마음부터 돌아봐야 한다. 변화는 언제나, 마음에서부터 시작되니까.

Part 3.

일, 커뮤니티, 나의 일상 루틴

Chapter 1
디지털 노마드의 현실

책과 글이 선사해준 선물

#희소한 것은 결국 가치 있는 것이 된다

세상에는 두 부류의 인간이 존재한다. 하나는 '쓰는 인간', 또 하나는 '읽는 인간'이다. '쓰는 인간'은 '읽는 인간'에 비해 훨씬 희소하다. SNS의 발전으로 개인이 자신의 의견을 자유롭게 표출할 수 있는 환경이 마련되었음에도 불구하고 말이다. 정보의 세계는 언제나 생산자보다 소비자가 더 많을 수밖에 없다. 그렇기에 쓰는 인간으로 살아간다는 것 자체가 드문 선택이며, 이 희소성은 결국 가치로 이어진다.

나는 어느 순간부터 자발적으로 '쓰는 인간'의 삶을 택했다. 그리고 이 일을 온전히 해내기 위해서는 반드시 커뮤니티를 형성해야 했다. 쓴다는 건 단순히 적는 일이 아니다. 글을 읽는 사람과 어떤 관계를 맺을지, 그 관심을 어떻게 이어갈지를 고민해야 한다. 그 과정에서 머릿속 아이디어를 정리하고 펼치는 기회도 생긴다. '쓰는 인간'은 독자의 반응과 피드백을 수용하며 늘 상호작용을 해야 한다. 정보와 엔터테인먼트의 수요는 어쩌면 무한대에 가깝지 않은가? 이제는 누구나 쓰는 인간이 될 수 있는 시대다. 그러나 그만큼, 쓴다는 것이 지닌 책임과 기회 또한 이전과는 차원이 다르다. 앞으로 '쓰는 인간'은 소통의 중심에서 중요한 역할을 하게 될 것이다. 그렇기에 우리는 이 시대의 '쓴다는 것'이 가지는 의미를 다시금 성찰해야 한다.

지방에 거주하며 짧은 출퇴근 시간 덕분에 나는 상대적으로 여유로운 시간을 가질 수 있었다. 팬데믹 시기에는 통제된 외출과 군중을 피하는 생활이 자연스러워졌고, 현재는 프리랜서로 활동하면서 혼자 보내는 시간이 더욱 깊어졌다. 이 고요한 시간 속에서 자연스레 내 생각과 일상을 기록하기 시작했고, 그 흐름을 따라 타인과 그들의 삶에도 자연스레 관심이 생겼다. 이는 어떤 의도라기보다, 조용히 흐르는 인식의 전환이었던 것 같다. 내 세계가 궁금해질수록, 그리고 주변 세계가 더 입체적으로 다가올수록 나는 책을 찾아 읽기 시작했다. 읽은 책은 곧 기록으로 정리되었고, 그것이 하나의 습관이 되었다. 그 습관은 결국 나를 '책을 쓰는 인간'으로 이끌었다.

#나의 일생은 그동안 글과는 거리가 멀었다

학창 시절의 나는 글과는 그다지 가까운 아이가 아니었다. 학교 도서관에선 만화책을 읽기에 바빴고, 독서는 나와는 먼 이야기, 하다못해 일기 쓰는 것조차 내겐 쉽지 않은 일이었다. 어느 날, 어머니가 책장을 넘길 때 책이 구겨질까 소중히 넘긴다고 말씀하신 날, 나는 그런 어머니를 도통 이해가 되지 않는다는 표정으로 바라봤다. 책장을 넘기는 데 뭐 그리 대단한 의미가 있을까 싶었다.

그러던 내가 인생에서 처음, 블로그를 계기로 글을 쓰기 시작했고, 때문에 나는 매일매일 긴 글을 작성해야 했다. 각각의 채널마다 성격이 다른데 블로그는 특히 짧은 단문보다는 긴 호흡의 글에 어울리는 플랫폼이었다. 사람들이 도움을 얻을만한 정보성 글과 마인드 셋, 동기부여, 마케팅과 관련된 글들로 운영을 시작했고 현재는 마인드 셋에 초점을 맞춰 운영하고 있다.

초반엔 머릿속에 든 게 없으니 쓰는 것 자체가 힘들었다. 글을 쓰는 것뿐만이 아닌 읽는 것에 대한 중요성을 점점 깨닫기 시작했다. 컴퓨터와 관련된 마케팅 서적은 전자책을 열어 화면을 띄워놓고 따라 했고, 다른 주제의 책들은 종이책으로 채워나가기 시작했다. 책이 그렇게나 싫었던 내가 글을 쓰기 시작하며 책과 점점 가까워졌고, 글을 쓰며 마인드가 조금씩 변화하기 시작했다. 그리고 점차 글들에 나를 채워나가기 시작했다.

여전히 글을 쓴다는 일은 나에게 쉽지 않다. 늘 어렵고, 여전히 망설여진다. 하지만 더 늦기 전에, 글을 통해 나를 표현할 수 있는 이 소중한 과정을 놓치고 싶지 않다. 어느 날 책 속에서 만난 한 문장이, 불쑥 내 일상에서 스쳐 지나갈 때가 있다. 뜻하지 않은 감정이 올라왔을 때, 언젠가 읽었던 그 문장이 내게 다시 한번 생각할 여지를 준다. 이럴 때면, 책과 글이 내 안에서 조용히 작동하고 있음을 느낀다. 쓰는 일이 어렵다고 해서 멈출 수는 없다. 글을 통해 나를 이해하고, 나를 표현해 가는 여정은 누구에게나 절대 쉽지 않다. 하지만 그 과정을 견디고 나면, 그만큼 깊고 단단한 보상이 기다리고 있을 것이다. 나는 지금, 그 길 위를 걷고 있다.

#화가 나면 손부터 부들부들

성격이 못됐던 나는 참을성이 없었다. 순간순간 찾아오는 감정들을 쏟아내기에 바빴고, 화가 나면 손부터 부들부들 떨리기 시작했다. 사회생활을 하며 스트레스가 극에 달했을 땐 부모님과의 충돌도 잦았다. 모든 말이 가시처럼 들렸고, 나 또한 가시 박힌 말들을 많이도 쏟아내며 살았던 것 같다. 사실, 인간은 순간적인 감정에 가장 쉽게 휘둘리는 존재가 아닐까.

지금은 글을 통해 나를 채워나가기 시작하며 화가 줄었다. 아니, 솔직히 화가 날 일이 이 정도로 없다는 게 가끔은 믿어지지 않는다. 처음엔 그저 퇴사 이후, 삶의 평온이 찾아온 덕분이라고 생각했다. 여유가 생기니 나도 차분해진 거라고. 그리고, 시간이 지나며 확실히 알게 됐다. 지금의 이 평온은 단순한 환경의 변화가 아니라, 오랜 시간 동안 내가 써온 글과 읽어온 글들이 가져다준 변화라는 것을.

나는 글을 쓰면서 처음으로 나를 조금 떨어져서 보기 시작했다. 그 덕분에 감정을 다루는 힘도 생겼다. 글을 계속 쓰다 보니, 마음이 차분해지는 순간과 글 쓰는 시간이 자연스럽게 겹치게 되었다. 마음을 울리는 글들을 아무리 읽어도 그 모든 글을 온전히 내 것으로 만들 수 없음을 알기에 반복해서 읽고 또 읽었다. 사실 지금도 나는 좋은 사람이 아니다. 하지만 '나다움'이 무엇인지, '내 색(色)'이 어떤 것인지 찾아가는 지금의 이 과정에서 나는 더 이상 손이 떨리지 않는다. 대신 마음이 떨린다.

#나쁜 건 알면서도 하잖아

우리는 종종 나쁘다는 걸 이미 알면서도 하고 있지 않은가? 몸에 해롭다는 걸 알면서도 찾는 음식들, 상사에 대한 뒷담화, 문득문득 찾아오는 게으름에 대한 자기 합리화, 건강에 대한 안일함 등 당장의 즐거움을 충족시키는 수많은 선택 말이다. 나쁘다는 걸 알면서도 하는 행동을 하는 경우는 너무나도 많은 반면, 경험해 보지 못한, 나쁜지 좋은지 알지조차 모르는 것에 대한 두려움은 이상하리만큼 더 크게 다가온다. 불확실성에 대한 공포는 누구에게나 두려움을 유발하고, 이는 사실 우리에겐 너무나도 자연스러운 반응이자 감정이다.

인간은 원래 익숙함과 예측 가능성을 선호한다. 나 역시 그렇다. 특히 나는 환경이 바뀌는 것에 대한 두려움이 유난히 큰 사람이었다. 변화보다는 반복을 택했다. 그리고 여전히, 수많은 나쁜 선택을 반복하며 살아가고 있다. 그러다 보니 퇴사를 결정하고, 글을 쓰기로 마음먹은 그 순간은 나에게 있어 꽤 큰 용기였다. 솔직히 말하면, 무서웠다. 겁이 났다. 하지만 지금 돌아보면, 선택의 시간이 있었기에 지금의 내가 존재할 수 있었다. 만약 그때도 익숙함을 선택했다면 나는 지금보다 더 엉망이었을 것이다.

나처럼 글을 쓰지 않던 사람이, 글에 대한 경험이 없던 사람이 처음 글을 쓸 때 하는 생각은 "내가 무슨 글이야?", "하던 일이나 제대로 하자.", "나랑은 관련 없는 일이야."일 것이다. 더군다나 눈에 보이는 실용적인 성과나 경제적인 가치를 더 높게 평가하는 요즘 세상에서는 오히려 시간 낭비로 여겨지는 경우도 더러 존재한다. 하지만 겪어보니 전혀 아니었다. 글을 쓰는 데에는, 나 자신을 표현하는 데에는 어떠한 자격조건도 존재하지 않는다. 규칙도 존재하지 않는다. 모두에게 열려있는 기회일 뿐이다.

당장 눈에 보이는 결과는 미미할지 모른다. 하지만 글은 시간이 쌓일수록 그 진가를 드러낸다. 비단 글쓰기뿐 아니라, 어떤 일이든 익숙함에서 벗어나 처음 한 걸음을 내디딘다는 건 결국 스스로에게 기회를 주는 일이다. 실패하면 어떤가, 완벽하지 않으면 또 어떤가. 어차피 세상에 완벽한 인간은 없고, 완벽한 글 또한 존재하지 않는다. 과정에서 단 하나라도 건져 올린 게 있다면, 그것만으로도 충분하다.

지방에서의 삶도 행복합니다

#건조함 VS 뒤처짐, 정말 그렇게 생각해?

대부분의 문제는 '비교'에서 시작된다. 타인의 성공과 외모, 재산과 성과를 내 삶의 기준과 나란히 놓는 순간, 마음속 어딘가가 일렁인다. 물론 그 과정에서 더 나아지고 싶다는 욕망이 생기기도 하지만, 종종 그 감정은 자신을 불필요한 경쟁과 회의로 이끈다.

문제는 이를 넘어선 지역 간의 갈등이나 비방이다. 지

방 주민들은 수도권 주민들을 향해 인간관계가 건조하고, 삶이 건강하지 못하다며 비방하고, 수도권 주민들은 지방을 뒤처진다며 비하한다. 서로 추구하는 가치가 다름을 인정하지 못해 생겨난 다양한 문제들이 지역 간의 이해관계를 더욱더 어렵게 만들고 있다. 이미 분단의 아픔을 겪은 우리가 지역 간의 경계선을 스스로 만들어가는 느낌이다.

사실 나도 처음 회사에 들어갔을 땐 본사 직원들과 지방 직원을 비교했었다. 본사 사람들은 자기 일만 챙기고, 협력하는 걸 싫어한다고 생각했는데, 지금 돌아보면 그건 내 편견이었다. 시간이 흐른 지금 내 생각은 완전히 달라졌다. 그건 단지 개개인의 성향과 변화하고 있는 시대적인 흐름이었을 뿐 그 이상도, 그 이하도 아니었다.

지방이 뒤처진다는 말에도, 나는 동의하지 않는다. 지방에도 훌륭한 인재들은 존재한다. 그들이 사회와 국가에 기여한 바는 결코 수도권에 뒤지지 않는다. 수도권의 촘촘한 인프라, 빠른 정보 흐름, 넘치는 기회는 분명 장점이다. 사실은 사실대로 인정하면 된다. 동시에, 지방이 가진 시간적 여유와 비교적 낮은 물가, 그리고 생태적 가치는 결코 가볍게 볼 수 없다. 그것 또한 있는 그대로 인정하면 그만이다. 서로 다른 삶의 결이 존재할 뿐, 우열은 없다. 비교는 자연스러운 감정일 수 있지만, 그 비교가 경계선이 되지 않도록 노력하는 일, 그건 우리 모두의 숙제가 아닐까.

#대전은 이래서 좋아

대전에 거주한 지 7년이 지났다. 대전에 살아보며 가장 좋았던 부분은 바로 '지리적 이점'과 '교통'이었다. 한국의 중심부에 위치한 덕분에 어느 지역을 이동하던 부담이 없다. 단순한 지하철 노선이지만 대전 내 거의 모든 지역을 편하게 이동할 수 있다.

회사에 다니던 시절, 한 달에 한 번 있는 본사 미팅 날이면 다른 지역 직원들은 나를 가장 부러워했다. "강사님은 좋겠어~ 한 시간이면 대전 도착하잖아요!" 맞다. 강남에서 수서역, 수서역에서 대전, 대전역에서 집까지 다 합친 시간이 2시간 남짓이었으니까. 그리고 대전은 단순한 도시가 아니다. '타슈'라는 이름의 시민 공영자전거는 60분 이내를 무료로 이용할 수 있고, 조금만 도시를 벗어나면 한적하고 아름다운 자연 경관이 기다리고 있다. 자연재해도 비교적 적은 편이고, 대덕특구를 중심으로 다양한 연구 기관과 대학들이 밀집해 있어 지적 인프라도 탄탄하다. 시립미술관, 오페라하우스, 음악분수, 야구장, 그리고 매해 열리는 축제들과 공연들로 인해 문화적 요소들 역시 부족함이 없다.

KAIST를 중심으로 고급 인재 양성과 연구 활동이 활발하게 이루어지고 있고, 지금은 2호선 트램 건설도 본격적으로 추진 중이다. 하지만 누군가는 이렇게 말한다. 대전은 '노잼도시'라고. 그럴 때마다 나는 웃는다. 성심당, 중앙시장, 수목원, 미술관, 공연장, 국악원, 천연기념물센터, 곤충생태관, 열대식물관, 화폐박물관, 지질박물관, 둘레산길 12구간, 엑스포다리, 식장산 야경까지. 도대체 얼마나 더, 어떻게 놀아야 꿀잼인 건가?

대전은 이미 교통과 교육의 도시로 인정받고 있고, 내

가 살아본 바로는 한 번도 이곳에서 불편함을 느낀 적이 없다. 지역색이 강하지 않아 외지인이 살아도 낯설지 않고, 서울에서 대학을 나온 청년들이 다시 대전으로 돌아와 일할 수 있는 연구기관도 있다는 건, 이 도시의 큰 장점이다. 2023년, 대전시는 '인구 회복 원년의 해'를 선포했다. 청년 인구 유입을 위한 정책, 도시의 쾌적성 강화, 사회적 약자에 대한 환대 등 다양한 전략으로 다시 도약을 준비하고 있다. 그리고 실제로, 17개 시와도 중 유일하게 인구가 증가하고 있는 도시이기도 하다. 대전은 처음엔 특별할 게 없어 보여도, 막상 살아보면 그 매력을 알게 되는 도시라고 생각한다. 조용하고 편안해서 더 오래 머물게 되는 곳. 나는 이곳에서 살아가는 지금이 꽤 만족스럽다.

#각자도생이라면서 왜?

한국 사회가 겪은 다양한 사회적 문제, 경제적 변화 속에서 어느 날부터인가, '각자도생'이라는 말이 온라인을 타고 빠르게 번지기 시작했다. "이제는 누구도 믿지 말고, 각자 알아서 살아야 한다"는 말. 처음엔 낯설었지만, 어느새 그 말은 일상이 되었고, 오프라인 대화 속에서도 자연스럽게 섞여 들려왔다. 말들은 그렇게 하면서 "아직은 살만한 세상"과 관련된 따뜻한 주제들로 만들어진 영상들은 왜 조회수가 폭발할까. 부정적이고 자극적인 이슈들에 대한 관심 못지않게, 따뜻한 글과 영상들에 대한 관심 역시 뜨겁다. 이는 자극은 즐기면서도 안정감을 추구하는 우리의 양면성을 너무나도 잘 나타내고 있다. 우린, 냉소와 낭만이 강렬하게 공존하는 시대에 살고있다.

사실 양면성은 인간의 본성이다. 전쟁 같은 극단적인 상황 속에서도 우리는 그것을 본다. 누군가는 참혹한 현실 속에서 더 잔혹해지고, 누군가는 같은 상황 속에서도 사랑을 잃지 않는다. 문화유산을 목숨을 걸고 지키고, 낯선 이를 품어내며, 생존을 넘어 연대를 선택한다. 역사는 말해준다. 인간은 파괴적인 동시에 연대적인 존재라는 것을.

'각자도생'은 그냥 각자가 자신의 길을 찾고 스스로 개척하고 책임져야 한다는 의미일 뿐이다. 주도적인 삶을 살아가는 데에 쓰여야 하는 단어가 변해간다. '모든 사람이 다른 길을 가도 좋다'라는 다양성을 부정하고, 존중하지 못한다면 우리 사회는 과연 올바른 사회로 성장할 수 있을까. 미래를 살아갈 아이들에게 이기심과 거리두기만을 남겨주어야 하는 걸까. 우리에겐 '결속력'이라는 본능이 존재하고 있음을 애써 부정하지 말자. 서로를 통해 힘을 얻고 살아가는 세상은 앞으로도 계속되어야 한다.

#트렌드에 역행하는 건 틀린 거야?

트렌드는 사실 해석하기 나름이다. 유행하는 모든 아이템이 모두의 눈에 들 수 없는 것처럼 말이다. 지방에 사는 많은 이들이, 수도권으로 향하는 흐름을 거스르는 결정을 내리곤 한다. 서울로 가야 기회가 더 많다는 '상식'에 반기를 드는 이들. 과연 그들은 틀린 선택을 한 것일까? 이 책을 쓰기로 결심했을 때, 나는 나의 삶을 천천히 돌아보았고, 이 이야기를 주변 사람들에게 하나둘 털어놓았다. 그때 수도권에 사는 몇몇 사람들은 말했다. "그거, 나도 늘 고민하던 부분이야." 선택의 문제는 결국, 위치의 문제가 아니었다. 가치의 문제였다.

현시대에서의 트렌드는 쫓아가기 버거울 정도로 수시로 변화하고 있으며, 시장의 반응에 따라 소멸하기도, 진화하기도 한다. 그렇게 진화한 트렌드는 긴 시간이 지나며 사회적 합의에 도달하게 되며 결국 문화로 자리 잡는다. 이 과정에서 우리는 사회가 어떤 가치와 방향을 선택하는지를 다양한 시각으로 바라봐야 한다. 트렌드에 역행한다고 해서 틀린 건 아니다. 아니, 이제는 그 생각 자체를 바꿔야 한다. '서울로 가는 것이 곧 정답'이라는 관점이야말로, 가장 오래된 고정관념일지도 모른다.

사람들이 서울로 가는 걸 '맞는 선택'이라고 생각하는 건 결국 돈을 벌 기회가 많기 때문에 아닌가? 그런 생각 자체가 '돈을 많이 벌면 성공'이라는 기준에서 나온 것이다. 지방에서 삶을 선택하는 일이 트렌드를 거스르는 것처럼 보이겠지만, 사실 그것은 단지 다른 기준, 다른 가치를 반영하는 것일 뿐이다. 트렌드는 항상 더 나은 선택을 보장하지 않는다. 우리는 지금 트렌드를 따르는 게 무조건 옳지도, 따르지 않는 게 반드시 잘못된 것도 아닌 세상에 살고 있음을 기억하자. '지방으로 간다'는 말이 더 이상 특별한 선택이 아니라, 충분히 존중받을 수 있는 하나의 라이프스타일로 인식되어야 한다.

아귀 모델과 고래 모델

#입만 큰 아귀냐, 균형 있는 고래냐

대한민국의 인구는 약 5,175만 명. 그중 935만 명이 서울에 몰려 있다. 무려 5분의 1이다. 이런 수치를 보고도 '포화 상태'라는 말이 나오지 않는 게 오히려 이상하게 느껴진다. 실제로 서울의 지하철에 몸을 실으면 이 수치가 얼마나 현실적인지를 체감하게 된다. 바쁘게 엉켜 있는 사람들, 숨 쉴 틈 없이 움직이는 거리들, 너무나 익숙한 피곤함의 공기. 그리고 어느새, 그 혼잡 속에 나조차 아무렇지 않게 녹

아든다.

2024년 9월, 박형준 부산시장이 '2024 시도지사 정책 콘퍼런스'에서 발표한 내용이 눈에 들어왔다. 그는 대한민국의 수도권 집중 문제를 설명하며 '아귀 모델'과 '고래 모델'을 제시했다.

'아귀 모델'은 입이 큰 바닷물고기처럼, 수도권만 지나치게 발전하고 나머지 지역은 뒤처진 국가의 모습을 뜻한다. 일본, 프랑스처럼 이미 성장의 정점을 지나 억제된 나라들이 이 모델에 속한다고 했다. 그리고 그중에서도 대한민국은, 가장 못생긴 아귀에 가깝다는 말이 덧붙여졌다. 그 표현이 유독 마음에 걸렸다. 못생긴 아귀. 입만 커져 버린 나라. 중심만 부풀어 오른 나라. 그 표현 안에는 우리가 눈 감아온 현실이 고스란히 담겨 있었다.

반면 '고래 모델'은 전국이 고루 발전한 나라를 상징한다. 미국, 네덜란드, 독일처럼, 수도권과 지방의 균형이 잘 이루어진 국가들. 이 나라들은 인구와 산업, 문화와 자원이 특정 지역에 치우치지 않고 퍼져 있고, 덕분에 삶의 질 또한 고르게 형성되어 있다. 단지 경제적인 성공을 넘어, 사회적·문화적·환경적인 조화가 뒷받침되는 모습이다.

서울에 몰리는 청년들의 비율은 무려 78.5%에 이른다고 한다. 그러나 아이러니하게도, 서울에 사는 청년들의 행복도는 전국에서 가장 낮다. 더 많은 기회를 좇아 달려온 도시에서, 가장 낮은 행복을 품고 살아간다는 이 모순. 이쯤 되면 묻게 된다. 우리는 어디서 길을 잘못 든 걸까?

균형은 단순히 인구나 수치로만 판단할 수 없다. 사람들의 삶의 모습 속에서도 균형은 드러난다. 아귀가 아닌 고래처럼, 한 방향으로 치우치지 않은 나라. 다양한 삶이 서로를 존중하며 공존하는 나라. 우리는 지금, 그 고래의 모습을 상상할 필요가 있다. 지역 간의 격차를 줄이는 일이 단지 지방을 살리기 위한 운동이 아니라, 대한민국 전체의 건강을 되찾는 일임을 잊지 말자. 지방이 살아나면 잃는 것보다 얻는 것이 분명 더 많다는 이 간단한 사실을, 조금 더 자주 이야기했으면 한다.

새로운 환경에서의 적응과 성장

#새로운 환경을 두려워할 필요는 없다

　인간은 정말, 적응의 동물이다. 하다못해 새로 바꾼 베개가 익숙지 않아도 우리는 금세 적응해 잠을 청하고, 새 핸드폰의 낯선 인터페이스도 금세 익숙해진다. 우리는 모두 다양한 환경과 상황에 맞춰 변화하고 적응할 수 있는 능력을 이미 지니고 있다. 진화론과 유전학도 그런 가능성을 말하고 있지 않은가. 우리는 그렇게 적응하면서 수많은 사회적 구조와 관계 속에서 살아왔다. 그 안에서 협력하고,

때로는 경쟁하고, 서로를 공감하는 법도 배워왔다.

이 글을 읽고 당장 회사를 박차고 나가라는 얘기를 하려는 건 아니다. 지금 하고 있는 취업 준비를 포기하고, 새로운 길을 무작정 찾아 나서라는 말도 아니다. 다만, 우리가 언제 어떤 상황에 놓이게 될지 알 수 없기에, '준비된 적응'을 이야기하고 싶다. 만약 갑자기 회사가 사라진다면? 내가 구조조정 대상자가 된다면? 몸 어딘가가 아파 일을 쉬어야 한다면? 혹은 전혀 예상하지 못한 부서로 발령이 난다면? 이런 변화는 대부분 예고 없이 찾아온다. 아무런 준비 없이 마주하는 것과, 혹시나 하는 마음으로 대비해 마음을 다져두는 것 사이에는 분명한 차이가 있다. 물론, 어떤 일이 닥쳐도 인간은 어떻게든 적응해 나간다. 하지만 그 적응이 덜 고통스러울 방법이 있다면, 미리 준비한다고 해서 나쁠 건 없다.

특히 지금 내가 놓인 환경에서 눈에 보이는, 직접적인 큰 문제가 없더라도 성장의 가능성이 전혀 느껴지지 않는다면, 행복한 순간보다 불행한 순간이 더 많아지고 있다면.

그렇다면 한 번쯤, 새로운 환경에 대해 고민해 볼 필요가 있다. 나 또한 그런 질문에서부터 시작된 고민이 지금의 프리랜서로의 삶을 선물해 주었으니까. 이 책을 쓰면서 문득, "만약 내가 지역을 옮겨야 한다면?"이라는 생각을 해본 적이 있다. 물론 현재는 옮길 계획이 전혀 없지만, 만약 그 순간이 찾아온다면 나는 큰 고민 없이 결정할 수 있을 것 같다. 왜냐하면, 나는 어느 지역에서든 내 일을 해 나갈 수 있으니까. 그리고 무엇보다, 나는 이제 변화되는 삶에 스스로 적응할 수 있는 존재니까.

#오히려 새로운 환경에서 성공하더라

주변을 둘러보면, 한 회사에서 오랫동안 근무하고 높은 직급을 달고 평범한 회사에 다니는 이들을 향해 "성공했다"고 말하는 사람은 많지 않았다. 내가 알고 있는 경제적으로 성공한 사람들 대부분은, 그보다는 회사를 박차고 나와 새로운 도전을 시작한 이들이었다. 물론 반대의 경우도 분명 존재하지만, 도전한다는 것 자체가 자기의 가능성을 믿는다는 뜻이니까. 그들은 실패를 두려워하지 않았다. 아니, 어쩌면 두려워했지만 그런데도 움직였다. 그리고 실패마저도 자신의 성장에 필요한 자양분으로 받아들였다.

좋은 대학에 입학하는 것, 좋은 회사에 취직하는 것은 성공이 아니다. 짧디짧은 우리 인생의 여정에서 극초반에 해당하는 한 과정과 단계일 뿐이다. 지나온 시간을 돌이켜 보면, 중학생일 땐 중학생의 눈으로, 고등학생 땐 고등학생의 눈으로 세상을 바라봤고, 대학생이 된 이후 확연하게 달라진 환경에서 또 다른 배움과 기회들을 마주했다. 하지만 나의 진짜 성장은 사회생활 이후부터였다. 학교와 부모의 보호에서 벗어나기 시작한 그 순간 나는 마치 전쟁터에 내몰린 기분이었으니까.

스스로 생각하는 성공이 회사에서 높은 자리에 오르는 것이라면, 그 길을 묵묵히 걷는 것도 좋은 선택이다. 하지만, 내 성공의 기준과 가치가 그게 아니라면 우리에겐 반드시 '도전'이 필요하다. 도전하려면 용기가 필요하다. 그리고 용기가 있어야 움직일 수 있고, 움직이는 자만이 성장할 수 있다. 성장한 자에게 비로소 성공의 기회가 주어진다. 이건 어쩌면 너무나도 당연한 순리다. 자신이 생각하는 진짜 성공에 대한 의미를 곰곰이 생각해 보자. 돈, 명예, 사랑, 건강, 사회적 기여 등 이 중 무엇이, 혹은 어떤 조합이 나에게 있어 진짜 성공의 조건이 되는지. 나는 무엇을 가졌을 때 "잘 살았다"고 말할 수 있을지를. 성공의 정의는 타인이 정해주는 것이 아니라, 언제나 '나 스스로'가 선택해야 할 문제니까.

#인간관계도 환경이 달라져야 변해

환경이 달라지면 인간관계도 함께 변한다. 나와 평생을 함께할 극소수의 인연을 제외하고, 대부분의 관계는 환경에 절대적인 영향을 받을 수밖에 없다. 그리고 때로는, 어떤 인연을 만나느냐에 따라 예상치 못한 길로 이끌리기도 한다. 올해 초, 블로그를 운영하며 전자책을 쓰던 시기, 종이책 출간은 막연한 꿈 같았다. 그런데 그 꿈이 조금씩 구체화 되기 시작한 계기 역시 '사람'이었다.

전 직장에서 인연이 되어 지금까지도 연락하며 지내는 이들은 당연히 소수에 불과하다. 하지만 분명한 건, 회사에 다니며 진심을 나누고 서로에게 도움이 되었던 인연은 생각처럼 쉽게 끊어지지 않았다. 퇴사의 이유가 사람 때문은 아니었지만, 사람으로 인한 스트레스, 인간관계에서 오는 피로감이 가볍진 않았다. 예민한 성격이 아니었던 탓에, 무난한 회사 생활을 해왔지만, 나라고 왜 싫었던 사람이 없었겠는가. 그런 인연들은, 환경이 바뀌고 나니 자연스럽게 정리되었다.

회사에서 이런 말을 자주 들었다. "어차피 퇴사하면 끝날 인연인데, 너무 마음 주지 마." 이 말에 나는 절반만 동의한다. '회사에서 나'와 '퇴근 이후의 나'는 분명 분리되어야 한다. 모든 걸 공유할 필요도, 사적인 영역까지 끌어들일 이유도 없다. 하지만 동시에, 마음이 통하는 누군가와 함께 일할 수 있다는 건 분명한 축복이다. 모든 인연과 잘 지낼 순 없다. 그럴 필요도 없다. 소수의 동료라도 진심이 통하는 관계가 있다면, 굳이 오지도 않은 퇴사 날짜를 떠올리며 일부러 밀어낼 필요는 없다. 함께하는 사람과의 시너지는 현재의 나를 살아가게 하는 중요한 에너지가 되기도 한다.

다만, 인간관계 자체가 스트레스의 중심이 된다면 이야기는 다르다. 보고 배울 선배가 없고, 같은 문제가 계속 반복되는 회사라면, 그건 반드시 고민해 봐야 할 신호다. 내가 아닌 환경이 바뀌어야 할 때인지, 혹은 나 자신을 돌아봐야 할 때인지. 환경이 바뀌면 사람은 자연스레 달라진다. 하지만 매번 환경만 바꾸고, 그 속에서 겪는 인간관계의 문제는 그대로라면 그때는 내 안의 무엇이 고여 있는 건 아닐까, 한 번쯤 스스로를 객관적으로 들여다봐야 한다. 어떤 관계는 남고, 어떤 관계는 떠난다. 그 흐름을 억지로 막을 필요는 없다. 다만, 그 흐름 속에서 나는 어떤 사람이 되어가고 있는지만은 늘 잊지 말자.

자기계발은
자기가 알아서

#남한테 자기 계발 하라는 소리는 오지랖

　누군가 내게 "남는 시간에 자기 계발 좀 해."라고 말한다면, 나는 코웃음을 칠 것이다. 정말로 자기 계발이란 걸 하고 있는 사람이라면, 타인에게 그렇게 말하지 않을 테니까. 자기 계발은 누군가의 권유나 외부의 강요로 이루어지는 일이 아니다. 자신을 조금 더 나은 방향으로 이끌어가고자 하는 '내부의 동기'가 있어야만 가능한 일이다. 또한 자기 계발의 실현은 '시간'보다 '에너지'의 문제에 더 가깝다.

회사에 오래 다닌다고 해서, 삶의 균형을 유지한다고 볼 수 없다. 우리는 더 이상 '평생직장'이라는 단어에 기대지 않는다. 근속연수가 짧아지는 이유 중 하나는, 그 공간이 더 이상 개인의 자율성과 자기 이해를 기반으로 발전하기 어려운 구조이기 때문이다. 사람들은 더 나은 조건을 찾아 이직하고, 더 나은 가능성을 향해 움직인다. 만족감과 성취감을 느끼지 못한다면, 자리를 박차고 나올 용기를 낸다. 그건 시대가 바뀌었다는 뜻이기도 하고, 개인이 '나'를 더 중요하게 여기기 시작했다는 뜻이기도 하다.

사실 우리 모두 알고 있다. 지금보다 더 성장해야 한다는 걸. 계속해서 배우지 않으면, 멈춘 채 뒤처질 수 있다는 걸. 하지만 입 밖으로는 이렇게 말하곤 한다. "시간이 없어서…" 그 말에 나는 이렇게 되묻고 싶다. 정말 시간 때문일까? 사실은, 에너지가 없는 건 아닐까? 나도 안다. 한때 나 역시 그렇게 살았기 때문에. 하루가 지나는 게 버겁고, 퇴근 후엔 아무것도 하기 싫고, 책 한 장 넘기기조차 버거웠던 날들이 많았다. 시간이 없다는 건 어쩌면 맞는 말일지 모른다. 하지만 시간이 있다고 해도, 결국 실행할 에너지와 의지가 없다면 아무것도 시작되지 않는다. 중요한 건, 자기 자신이 그 사실을 깨닫는 순간이다. 어느 날 문득, "이대로는 안 되겠다"는 생각이 드는 순간. 미래를 위해 내가 변해야 한다는, 아주 작은 각성의 기회가 찾아오는 순간. 살다 보면 한 번쯤은 꼭 찾아오는 순간. 그때 망설이지 않아야 한다. 준비가 완벽할 필요는 없다. 그저 '한 걸음'을 내디딜 수 있다면, 그걸로 충분하다.

#학생과 어른의 실행력과 꾸준함, 별반 다르지 않던데?

학원 강사로 5년간 근무했던 시절, 나는 다양한 수강생들을 만났다. 중·고등학생부터 대학생, 성인, 주부까지 연령도, 직업도 제각각이었다. 그들은 각종 자격증을 따기 위해 학원의 문을 두드렸고, 나는 그들의 목표 달성을 돕는 일을 했다. 그 시간을 통해 나는 한 가지 중요한 사실을 배웠다. 실행력과 꾸준함은 나이나 직업, 연령과는 별로 상관이 없었다. 오히려 부모님을 설득해 스스로 배우고 싶어서 온 아이들이, 어른들보다 출석률과 합격률이 높기도 했다.

반면, 부모님 손에 이끌려 억지로 앉아 있던 아이들은 수업에 집중하지 못했고, 결과도 그리 좋지 않았다. 어른이라고 예외는 아니었다. 일이 바쁘다, 시간이 없다, 피곤하다는 등 여러 가지 이유로 빠지기 시작하는 경우가 허다했고, 반대로 너무 바빠서 도저히 다니기 힘들 것 같다고 말하던 직장인이 누구보다 성실히 수업에 참여하는 일도 있었다. 그때 나는 실감했다. 실행력과 꾸준함은 '나이의 문제가 아니라, 사람의 문제'라는 것을. 개인의 성격, 생활 환경, 그리고 무엇보다 동기가 그 모든 것을 좌우한다는 사실을.

외부적 강요보다 내부적 동기는 훨씬 더 강력한 힘을 발휘한다. 이는 사회생활에서도 똑같이 적용되며 더 크게 나아가서는 우리 인생 전반에도 해당한다. 앞으로 어떻게 살고 싶은지, 어떤 사람이 되고 싶은지, 어떤 유산을 남기고 싶은지를 정의하는 것 역시 내부적 동기에서 출발하니까. 외부의 기대나 사회적 압력에 의해 방향이 결정된 삶은, 때로는 길을 잃는다. 스스로의 내부에서 시작된 삶은, 작지만, 단단한 의미로 채워진다.

진정한 동기는, 스스로를 이해하려는 태도에서 비롯되

며, 그 힘은 생각보다 오래 지속된다. 지금 우리의 내부 동기는 너무 많은 소음 속에서 조용히 짓눌려 있다. 무엇이 옳은지, 어떻게 살아야 하는지, 외부의 기준들에 눈치를 본다. 그 속에서 나의 동기는 점점 숨을 죽이고, 결국엔 억압되고 변형된다. 그러나 우리가 정말 원하는 삶은, 타인의 기대가 아닌 나의 의지에서 출발해야 한다. 내 안의 동기를 발견하고 그것을 지켜내는 사람은, 조금 더 나은 방향으로 나아갈 수 있다.

#킬링타임을 힐링타임으로

킬링타임. 말 그대로 시간을 '죽이는' 행위다. 본질적으로는 생산적이거나 목적이 있는 활동이 아니라, 그냥 시간을 보내는 행위. SNS를 스크롤하고, TV를 틀고, 게임을 하고, 무의미한 대화를 나누고, 피곤하지도 않은데 침대에 누워 잠을 청하는 것들. 우리는 이런 시간을 대체로 의미 없는 시간이라고 부른다. 하지만 나는, 그 의미 없음 속에서 글감을 찾는다. 드라마 속 한 줄의 대사가 내 안에 오래 남고, 때로는 SNS에서 스치듯 본 문장이 마음을 울린다. 글이 써지지 않을 땐 망설임 없이 드라마나 영화를 본다. 자막을 켜고, 단어 하나하나를 곱씹으며, 감정의 미세한 결까지 읽어내려 한다. 그 속에서 나는 쉼을 얻고, 생각을 키운다.

재미있는 건 같은 드라마를 몇 번을 봐도 어느 시기에 보느냐에 따라, 나의 관점에 따라 완전히 다르게 다가온다는 것이다. 예전의 나에게 드라마는 단지 하루를 보내기 위한 배경음악 같은 존재였다. 그땐 분명히 '킬링타임'이 맞았다. 하지만 이제는 다르다. 내 안에 '글쓰기'라는 세계가 생긴 이후, 나는 모든 것을 다른 눈으로 보기 시작했다. 지인과의 대화, 부모님과의 통화, 스쳐 지나가는 광고 문구, 예전엔 아무 생각 없이 넘겼던 드라마의 한 장면마저도 내게는 훌륭한 소재가 된다. 이제 더 이상, 드라마와 영화는 나에게 시간을 죽이는 일이 아니다. 내 감정과 시선을 더 깊이 들여다보는 힐링의 시간, 혹은 창작의 시간이다.

어쩌면 우리가 킬링타임이라고 여기는 것들 자체가 고정관념일지도 모른다. 그 시간이 진짜 '죽는' 시간인지, 아니면 내 안에서 무언가가 깨어나는 시간인지는, 오롯이 나의 태도에 달려 있다. 같은 시간을 어떻게 쓰느냐는 전적으로 내 몫이다. 시간을 '관리'하는 법보다, 나는 이제 시간을 '의도'하는 법에 더 관심이 생겼다. 이미 지나간 시간에 대해 자책하거나 후회할 필요는 없다. 반성은 단 한 번이면 충분하다. 중요한 건, 앞으로의 시간을 내가 어떻게 의식하고 살아낼 것인가다. 그리고 나는 안다. 킬링타임이라 불리는 그 조각들 속에, 삶을 채우는 문장들이 숨어 있다는 것을.

Chapter 2
나를 알고 있는 사람들

전통이 있기에
현대도 존재한다

#전통은 단지 옛것이기만 할까?

전통이 단순한 '옛것'이 아니다. 오늘날 우리가 누리는 많은 축제와 공휴일은 오랜 옛날의 의식과 풍습에서 비롯되었고, 그저 현대적인 맥락에 맞게 조금씩 변화해 온 것들이다. 전통은 과거에 만들어진 것이지만, 지금을 사는 우리와 예전 세대를 이어주는 다리다. 그리고 수많은 혁신은 언제나 완전히 새로운 창조가 아니라, 전통적인 방식의 수정과 개선에서부터 시작되었다. 마치 전통 의학이 현대 의학의 뿌리가 되기도 하는 것처럼 말이다.

　윤리나 도덕 같은 추상적인 가치도 마찬가지다. 우리가 오늘날 자연스럽게 따르는 사회적 규범이나 행동의 기준도, 자세히 들여다보면 오랜 전통적 가치에서 출발한 것들이 많다. 현대의 문제를 해결하는 과정에서도 우리는 여전히 전통을 참조하고, 재해석하며, 그것을 확장해 나간다. 예술과 문학, 음악에서도 전통은 단순한 배경이 아니라 영감의 원천이 되거나, 때론 거부하고 뛰어넘기 위한 대상이 되며 수많은 작품을 탄생시킨다.

　나는 이렇게 생각한다. 현대적인 문화가 전통을 대체하는 것이 아니라, 그 위에 덧칠되어 가는 것이라고. 마치 한 겹 한 겹 시간이 겹치며 만들어진 캔버스처럼, 우리는 늘 전통 위에 지금의 삶을 그리고 있다고. 그렇기에 전통은 지켜야 할 과거이자, 오늘의 정체성이다. 물론, 이제는 옛것으로 남아버린 전통도 있다. 앞으로도 많은 전통들이 그렇게 자리를 내어줄 것이다. 빠르게 변화하는 기술과 문화 속에서, 사람들의 관심은 새로운 것에 쏠려 있기 때문이다. 하지만 나는 이러한 변화 속에서도 전통이 완전히 사라지지 않기를, 오히려 지금의 시대에 맞게, 우리의 방식으로 재해석되고 융합되기를 바란다. 전통은 죽어있는 것이 아니다. 그저 우리와 함께 호흡하며, 조금씩 달라지고 있을 뿐이다.

#사라질 수 없는 것들에 대하여

우리는 '우리 것'에 대해 강한 자부심을 품고 있다. 한국의 전통문화가 희미해지거나 왜곡되는 것에 대해 우리는 예민하게 반응하고, 쉽게 분노한다. 정부와 사회는 전통을 지키기 위한 다양한 정책을 시행하고 있다. 전통 공예의 전수, 문화재 보호 활동, 음식과 의례의 보존. 하지만 이제는 방어적인 태도만으로는 충분하지 않다. 이제는 '어디에서, 누가, 어떻게 지켜낼 수 있느냐'에 대한 질문으로 넘어가야 한다. 그 지점에서 나는, '지방 소멸'이라는 말이 여전히 마음에 걸린다.

전통이 살아 있는 곳은 대부분 지방이다. 장인이 있는 골목, 오래된 공예가 남아 있는 마을, 지역 고유의 음식과 이야기, 손으로 이어진 기술과 말투. 그것들은 대개 서울이 아닌, 한참 떨어진 곳에 존재한다. 사람이 빠져나가면 전통도 함께 사라진다. 다음 세대가 살아가지 않는 땅에서의 전통은 더 이상 '살아있는 것'이 될 수 없다. 지방이 비어간다는 건 단지 행정구역 하나가 사라지는 게 아니라, 그 안에 쌓여온 수백 년의 이야기와 기술, 사람들의 삶이 함께 사라진다는 뜻이다.

한복이나 전통 음식, 의례나 예술을 K-컬처 속에서 현대적으로 재해석하는 아티스트들의 행보는 분명 아름답고 자랑스럽다. 하지만 진짜 큰 영향력은 개개인의 일상적인 실천에서부터 시작된다. 그 실천이 모일 때, 전통은 '살아 있는 것'으로 남을 수 있다. 서울에서만 이야기되는 전통은 반쪽짜리다. 진짜 전통은 아직도 누군가의 손에서 만들어지고, 익어가고, 이어지고 있다. 그리고 그 손들은 지금, 설 자리를 잃고 있다.

#레트로에서 뉴트로까지

과거의 스타일이나 요소를 현재에 되살리는 것을 의미하는 레트로(Retro), 레트로와 유사하지만 이를 더욱 현대적으로, 혹은 과거의 요소를 새롭게 재해석한 형태인 뉴트로(Newtro). 두 용어 모두 과거와 현재의 결합을 뜻하지만, 요즘 시대에서는 사실 뉴트로의 접근이 훨씬 더 창의적이고 감각적으로 느껴진다. 단순히 옛 시대의 향수를 불러일으키는 레트로에 비해 뉴트로는 과거와 현재의 문화적 혼합체이기 때문이다. 그리고 바로 여기에서 새로운 트렌드들이 생겨나기도 한다.

우리에겐 느림과 안정에 대한 욕구, 자연으로 회귀하고 본성으로 돌아가려는 의지가 있기에 거기에서 생겨난 레트로는 시간이 흘러 뉴트로로 발전했고, 우리는 그곳에서 위안을 얻거나 심리적인 치유를 기대한다. 낭만적인 추억은 불확실한 디지털 시대를 살아가는 우리에게 마음의 안정을 주기도 하니까. 이처럼 많은 기업들은 레트로와 뉴트로를 통해 소비를 자극하거나 과거의 성공적이었던 제품이나 디자인을 재해석함으로써 새로운 시장을 창출하기도 하며 지금의 시기처럼 전통과 현대의 접점을 찾는 과정에서 이 둘은 생각보다 중요한 역할을 하고 있다. 전통을 잊지 않으면서 현대적인 감각을 더하는 방식은 꽤 훌륭하며 여기에 더해진 소셜 미디어의 빠른 확산은 촉진제의 역할을 하고 있다.

과거는 되살릴 수 없다. 하지만 과거의 요소를 잊지 않고 현재와 연결하는 이런 문화들이 지속된다면 점점 사라져가는 전통에 한 줄기 빛이라도 생기지 않을까. 지금의 우리는 얻는 것에만 집중되어 있다. K-드라마, K-팝 등으로 세계 문화에 큰 영향을 미치고 있지만, 동시에 외국 문화가 빠르게 유입되고 있다는 사실도 잊지 말자. 우리에게 문화적 정체성이 분명하지 않다면, K-컬처가 세계를 향해 뻗어가는 그 길 위에서 정작 우리의 전통은 점점 더 흐릿해질 수도 있다.

미래 세대를 위한 노력

#자식이 없어도 다음 세대는 생각해야지

사실 30대 초반까지만 해도 미래 세대에 대한 고민이나 걱정을 하며 살아오진 않았던 것 같다. '당장 내 코가 석 자인데 미래 세대를 생각할 여유가 어디 있나?'라는 핑계로 말이다. 게다가 결혼이 필수라고 생각하지 않았기에, 더 모른 척하며 살아왔는지도 모르겠다. 하지만 지금은 생각이 좀 달라졌다. 그 변화의 시작은 책 집필이었다. 글을 쓰며 자연스럽게 지금을 넘어선 시간에 대해 생각하게 되었다.

사실, 나는 여전히 우리나라가 좋다. 뉴스에서 나라의 큰일을 보며 울기도 하고, 웃기도 했고, 그 과정에서 느꼈던 감정들이 내게 아주 천천히, 그러나 분명히 애국심이라는 것을 심어주었나 보다. 그리고 나는 안다. 어느 나라에 견주어도 뒤처지지 않는 대한민국 국민들의 능력을. 서로 무관심한 듯 살아가지만, 불의 앞에선 누구보다 뜨거운 사람들임을. 정 많고 따뜻한 이 민족이 참 사랑스럽다고, 나는 진심으로 그렇게 느낀다. 과거 어렵던 나라를 일으켜 세운 것도 결국 국민이었고, 지금의 대한민국을 만든 것도 그 국민이었다. 그래서 나는 내가 느끼는 이 자부심을 미래 세대들도 느끼길 바란다. 그러려면 나부터, 조금 더 관심을 두고, 조금 더 애정을 쏟아야겠지.

여전히 나는 '나'가 우선이다. 내 개인적인 문제와 생존에 집중하며 살아가고 있지만, 미래 세대에 대한 고민을 시작하면서, 나도 예전보다 조금은 더 성장하고 있다는 생각이 든다. 시간이 흐르며 인생의 단계가 바뀌고, 그에 따라 세상을 보는 눈도 달라진다. 아마 이 관심도 그런 흐름 속에서 자연스럽게 생겨난 현상일지도 모른다. 하지만 한 가지는 분명하다. 나는 사회에 대해 비판만 하고 싶진 않다. 불신만 가득한 채 쓴소리만 내뱉는 어른이 되고 싶진 않다. 지금 우리 사회에는 진심이 담긴 조언이 더 많이 필요하다. 변화를 끌어내는 힘은, 비난이 아니라 진심 어린 비판에서 시작된다고 믿는다. 사회에 대한 사랑과 신뢰를 바탕으로 한 진짜 쓴소리 말이다.

#한걸음 뒤에서

우리 부모님은 나와 오빠에게 공부하라고 닦달하신 적도, 꿈이나 진로에 대해 이래라저래라 간섭하신 적도 없다. 늘 매 순간, 우리의 선택을 믿고 응원해 주셨고, 분에 넘치는 사랑을 더해주셨다. 맞다. 내게 타고난 복이 하나 있다면, 그건 바로 사랑이 많은 부모님을 만난 것이다. 내가 결혼을 인생의 우선순위로 두지 않는 건, 아직은 부모님처럼 좋은 부모가 될 자신이 없기 때문이다. 늘 한걸음 뒤에서 조용히 지켜봐 주신 부모님 덕분에, 우리 남매는 나름 각자의 자리에서 열심히, 그리고 만족스럽게 살아가고 있다.

특별하게, 대단하게 살고 있진 않지만, 남에게 폐 끼치지 않고 부모님에게, 나 자신에게 떳떳하게 살고 있으면 그만이다. 그리고 가장 중요한 건 내 인생에서 정말 소중한 게 무엇인지 이제는 찾았다는 것이다. 오은영 박사가 한 방송에서 패널들에게 이런 질문을 한 적이 있다. "학창 시절, 특정 과목 시험 점수가 지금도 기억나세요?". 그들은 기억나지 않는다고 답했다. 그리고 이런 답이 들려왔다. "맞아요. 우리가 기억하는 건 점수가 아니라, 그 시험을 준비하며 노력했던 시간, 그 안에서 느꼈던 성취감이에요." 그 방송을 보는 내내 학창 시절의 나를 추억할 수밖에 없었다.

그래서 요즘의 교육 현실이 더욱 안타깝다. 입시에 매몰된 제도, 특정 과목에 편중된 커리큘럼, 그 속에서 학생도, 부모도, 교사도 모두가 지쳐가는 구조. 물론 교육 개혁에 대한 목소리는 계속해서 나오고 있고, 여러 시도도 이루어지고 있다. 하지만 결국 우리의 인식이 변하지 않는다면, 우리가 지금 바꾸지 않으면, 아이들이 똑같은 문제를 떠안게 될 것이다. 출산율이 낮아질수록, 아이 하나에 모든 기대를 쏟는 과잉보호 현상이 두드러지고 있다. 그런데 그 기대가 정말, 이 험난한 세상 속에서 아이의 자립성을 키워주는 영양분이 될 수 있을까?

어떤 관계든, 집착은 결국 사람을 멀어지게 한다. 조금은 덜어내고, 한걸음 뒤에서 바라볼 수 있다면 각자의 인생에서 진짜 소중한 것이 무엇인지, 그걸 찾아가는 과정 자체가 행복이 될 수도 있다. 행복은 더 많이 가지는 데서 오는 게 아니라, 덜어낼 수 있는 용기에서 오는 것일지도 모른다.

#발전된 세상 속에서의 윤리적 딜레마

기술 발전은 우리의 삶을 빠르고 획기적으로 변화시키고 있고, 그 속도는 점점 더 빨라지고 있다. 그 과정에서 우리는 수많은 윤리적 딜레마와 마주하게 된다. 대표적으로 인터넷과 IoT(사물인터넷), 스마트폰은 우리의 일상을 놀랍도록 편리하게 만들었지만, 그와 동시에 늘 개인정보 보호 문제와 얽혀 있다. 또 인공지능과 로봇 기술의 발전은 많은 일자리를 자동화하며, 기술이 삶을 바꾸는 동시에 생계를 위협하는 시대가 되었다. 더 큰 문제는, 이런 기술 발전이 모든 사람에게 동등한 혜택을 주지 못한다는 점이다. 기술을 사용할 수 있는 자원이나 능력이 없는 이들은 자연스레 소외될 수밖에 없다. 그 격차는 앞으로 얼마나 더 빠르게, 그리고 깊게 벌어지게 될까.

지금은 '지역 소멸'이라는 단어가 심각하게 회자하고 있지만, 앞으로의 시대에는 '디지털 격차'가 소득 격차를 넘어 삶 전체의 격차로 이어질 가능성이 크다. 기술 발전은 끊임없이 진화하고, 그에 따라 불평등의 형태도 계속해서 새롭게 만들어질 것이다. 그래서 우리는 잊지 말아야 한다. 기술의 미래 속에서도, 기술이 발전해도, 사람을 존중하고 서로 믿으며 공평하고 책임감 있게 살아야 한다는 걸 잊지 말아야 한다. 우리가 어떤 사회를 만들고 싶은지, 어떤 가치를 지키고 싶은지. 그 질문을 멈추지 않는 사회만이 기술이 발전해도 사람 사이의 따뜻한 마음을 지켜낼 것이다. 그렇지 않다면 결국 우리는 기술에 지배당할 것이고, 소외되는 사람들은 더 빠른 속도로, 더 다양한 계층과 지역에서 생겨날 것이다.

어쩌면 먼 미래에는, 기술의 진보 속도가 더 빨라진 어느날, 내가 사는 지역 자체가 아무런 의미가 없는 날이 올지도 모르겠다.

서로의 지역을 두고, 단지 '그들이 사는 세상'이라 여기기 전에 '우리 모두가 함께 살아가는 사회'라는 인식을 가져야 한다. 만약 누군가가 나에게 미래 세대에게 무엇을 가장 물려주고 싶냐고 묻는다면, 나는 주저 없이 이렇게 답할 것이다. '사람답게 사는 도리', 나는 그걸 물려주고 싶다. 아무리 많은 기술을 남겨줘도, 아무리 풍요로운 자원을 물려줘도, 알아도 모른 척, 그저 법적 의무가 아니니까, 내 책임이 아니니까. 이런 마음이 사회에 만연하다면, 사실 나는 그 어떤 것도, 그들에게 물려주고 싶지 않다.

#시골 여자와 도시 남자, 도시 여자와 시골 남자

누군가 당신에게 "시골 여자와 도시 남자, 도시 여자와 시골 남자는 이루어질 수 없는 사이인가?"라고 묻는다면 당신은 어떻게 대답할 것인가. 아마 요즘 같은 시대라면 "무슨 소리야, 지금이 무슨 조선 시대야?"라고 되묻는 이들이 많을 것이다. 개인의 자유와 선택을 존중하는 사회, 사랑엔 국경도 없다던 시대에, 지역이 뭐 대수냐고 말하는 사람들. 맞는 말이다. 하지만, 사랑이라는 관계를 떠나, 모든 인간관계에서 지역적인 차이가 정말 아무 영향을 주지 않을까? 정말로 지금의 사회는 지리적, 사회적 조건이 관계에서 걸림돌이 되지 않는 그런 환경일까? 생각보다 많은 경우, 그건 말뿐이었다.

우리 스스로가 이미, 서로의 지역에 대해 색안경을 끼고, 다른 세상이라 느끼고 있진 않은가. 그 색안경을, 우리는 또다시 그대로 미래 세대에게 물려주고 있는 건 아닐까. 웃긴 건, 색안경이란 결국 경험하지 못한 것에서 비롯된다는 것이다. 정작 그 지역에 살아보지도, 그 사람들과 어울려 보지도 않았으면서 우리는 마치 다 안다는 듯, 섣부른 판단을 내린다. 하지만 색안경을 벗는 가장 확실한 방법도 역시 경험이다. 나 역시도 예전에는 서울에서 사는 사람들에 대한 선입견이 있었다. 하지만 그들과 함께 오랜 시간 일하고,

함께 밥 먹고, 같은 고민을 나누다 보니 내가 쓰고 있던 그 색안경이 얼마나 얇고 부끄러운 것이었는지를 알게 됐다.

그래서 나는 지금, 지역 소멸이라는 문제를 마주하고 있는 이 시점에서 지방에서도 아주 행복하게, 안정적으로 잘 살고 있는 사람들의 이야기를 조금이라도 더 전하고 싶다. '시골 여자'나 '도시 남자'라는 말이 두 사람 사이를 가를 수는 없다. 결국 중요한 건 얼마나 잘 이해하고, 맞춰가는지이다. 그리고 어떤 삶을 함께 그리고 싶은가에 대한 공감일 뿐이다. 사랑이 그렇듯, 행복도 언제, 어디서든 가능하다. 그리고 그걸 막는 건 언제나 '지역'이 아니라, 우리가 쓰고 있는 그 낡은 색안경일지 모른다.

Chapter 3
지역에서 나를 설계한다는 것

지역 소멸과 지자체의 노력

#뭐니 뭐니 해도 일할 곳이 있어야지

현재 수도권의 인구 밀집과 지방 소멸 문제를 해결하기 위해, 지자체들은 다양한 활동과 정책을 추진하고 있다. 인구 유입과 유지를 촉진하는 방안부터, 지역 내 생활 인프라 개선, 그리고 지역산업과 교육 기반 강화에 이르기까지, 다양한 노력이 곳곳에서 이어지고 있다. 그중에서도 인구 유입에 가장 효과적인 방법은 바로 지역 내 투자 유치를 통한 '일자리 기반' 마련이다.

2024년 6월 기준, 행정안전부와 통계청 자료를 분석한 결과에 따르면 수도권 및 특별·광역시를 제외한 124개의 지방자치단체 중 10년 전보다 인구가 늘어난 지역은 단 23곳뿐이었다. 충남 천안과 아산, 충북 청주처럼 수도권과 인접한 9개 시군. 제주와 서귀포 같은 관광도시. 그리고 전남 나주, 광양, 강원도 원주시처럼 산업 기반이 튼튼한 도시들. 이 도시들의 공통점은 '일자리'다. 아산의 삼성 및 현대차 생산공장, 청주 오송의 생명과학단지, 나주의 혁신산업단지, 광양의 포스코 국가산업단지 등 기업이나 산업단지가 위치한 지역들은 대부분 고용 지수와 인구 증가가 함께 이어지고 있다.

사실 지방 소멸 문제의 핵심은 결국 일자리 창출에 있다. 서울대 경제학부 홍석철 교수는 이렇게 말한다.

"청년들이 정착해 가정을 꾸리고 아이를 낳기 위해 가장 필요한 것은 양질의 일자리를 확보하는 것이다.", "인구문제 해결은 수도권 집중 완화보다는, 지방의 안정적인 일자리 확보에 보다 초점을 맞춰야 한다."

일자리가 늘어나면 소비가 생기고, 소비는 지역 내 상

업과 서비스 산업을 촉진한다. 그리고 이는 다시 일자리를 만들고, 젊은 인구의 유출을 막으며 결국 지역 경제를 살아나게 만든다.

우리나라의 경우, 인구의 절반이 수도권에 집중된 것만으로도 큰 문제지만 그중에서도 청년들의 수도권 밀집 현상은 더욱 심각하다. 그 시작은 결국, 일할 곳이 지방에 없다는 문제에서 비롯된 것이다. 대형 기업의 유치나, 특정 산업단지의 조성은 인구 유입과 유지를 가능하게 한다. 예를 들어, 생명과학 연구 단지는 교육기관과 연계되며 청년층이 지역에 머물 수 있는 기반을 제공하고, 관광 산업이 발달한 도시는 지역 경제 활성화와 함께 유입 인구 증가를 기대할 수 있다. 특히 수도권과 가까운 지역은 출퇴근이 편리하다는 이유만으로도 경쟁력을 크게 가질 수 있다.

#전라남도 광양시 일 잘하네

전라남도 광양시는 요즘, 젊은 층들의 유입이 꾸준히 늘고 있는 도시다. 2021년 15만 500여 명을 기록한 이후, 3년째 인구가 계속 증가 중이다. 특히 광양시 골약동은 5년 전보다 인구가 무려 5배 가까이 늘었다. 지역의 전통 산업인 제철산업뿐 아니라, 이차전지 산업을 비롯한 미래 산업 중심의 투자 유치에 성공하면서 일어난 변화다. 광양시는 단지 기업만 유치한 것이 아니다. 기업과 연계된 일자리 프로그램, 그리고 청년들의 정착을 돕는 주거지원에도 적극 나서며 청년들이 머물고 싶은 도시로의 기반을 차곡차곡 다지고 있다. 그 결과, 지금 광양은 전남에서 가장 젊은 도시가 되었다.

인구가 늘어나자, 중마동은 행정과 복지 서비스가 부족할 정도로 사람이 몰리고 있다. 그만큼 인구 유입이 활발하다는 뜻이다. 포스코 그룹은 광양시에 10년간 4조 4천억 원을 투자하겠다고 발표했다. 이차전지 소재 등 미래 핵심 산업의 생산기지를 조성할 예정이며, 현재도 관련한 투자 협약들이 계속 체결되고 있다. 무엇보다 인상적인 건, 광양시가 청년을 위한 환경 조성에 힘을 쏟고 있다는 점이다. '광양 청년 꿈터'는 청년들이 창의적인 활동을 하고, 서로 네트워킹할 수 있는 기반을 제공하는 공간으로 지역의 채용과 연결된 맞춤형 지원도 이루어지고 있다. 또한 '메이커스페이스' 교육을 통해 3D프린터, 3D 펜 등 디지털 장비를 다룰 수 있는 기초교육은 물론, 시민들이 자신의 아이디어를 직접 실현해 보는 체험형 창작 교육도 함께 운영 중이다. 배우는 것과 직접 해보는 것을 연결한 방식이다.

현재 광양시는 모바일 앱 개발도 추진 중이다. 이 앱은 광양시의 복지정책과 행정 서비스를 손쉽게 이용할 수 있는 플랫폼이자, '태아기부터 노년기까지' 생애주기별로 이어지는 복지 체계를 온라인상에 완성하는 기반이 된다. 실시간 민원 상담, 각종 행정 서비스 신청, 시설 및 강좌 예약, 그리고 구인·구직 플랫폼인 '굿잡광양' 홈페이지까지 하나의 로그인으로 모두 통합해 이용할 수 있도록 설계 중이다. 이런 행정 서비스는 단지 편리함을 넘어서, 시민의 삶을 실질적으로 연결하고 지원하는 중요한 역할을 한다.

재미있는 점 하나. 많은 지역 축제가 바가지요금 논란에 시달리지만, 2024년 광양 매화축제에서는 5,000원짜리

광양 도시락이 등장해 방문객들의 큰 호응을 얻었다. 축제가 끝난 이후에도 일주일간 주차 관리와 교통 지도를 이어갔고, 지역 농특산물을 판매하는 직거래 장터도 일주일 더 운영했다. 이런 디테일 하나하나가 방문객들에게 '기억에 남는 도시'를 만든다.

광양의 고용률은 과거에 비해 10% 이상 상승했다. 그리고 광양에 새 둥지를 트는 젊은 층이 계속 늘고 있다. 그 배경엔 단순한 '일자리'만 있는 것이 아니다. 청년을 위한 세심한 정책, 삶의 질을 고려한 도시 설계, 그리고 '살아볼 만하다'고 느껴지는 정성들이 만들어 낸 결과다. 광양시는 지금, 지방이 살아나고 있다는 걸 증명하고 있는 도시다.

#강원도 화천군의 파격적인 출산 장려 정책

강원도 화천군 역시, 출산율 저하와 인구 감소의 위기를 극복하기 위해 다양한 지원 정책과 프로그램을 운영하고 있다. 맞벌이 가정의 증가로 양육 환경이 급격히 변화하면서, 돌봄이 필요한 아이들을 위한 프로그램이 화천군 곳곳에서 운영 중이다. 이러한 프로그램은 단순히 돌봄의 기능을 넘어, 학부모들의 경제적 부담까지 덜어주는 역할을 하며 많은 호응을 얻고 있다. 가장 눈에 띄는 정책 중 하나는, 화천군 모든 대학생에게 등록금을 전액 지원한다는 점이다. 학생의 부모나 실질적으로 부양한 보호자가 3년 이상 화천군에 실거주했다면, 어느 지역에서 학교에 다니든 등록금 전액이 지원된다. 게다가 타지에서 대학 생활을 하는 청년들을 위해 월 최대 50만 원의 월세 지원도 함께 이루어지고 있다. 이 지원은 대학생뿐 아니라 아동과 초·중·고등학생에게도 확대되어 운영되고 있다.

전국 최초로 개관한 온종일 돌봄 시설 '화천 커뮤니티 센터'에서는 원어민 영어 수업, 스터디 카페, 테니스, 발레 교실 등의 프로그램이 모두 무료로 제공된다. 지역 내 아이들이 교육과 여가를 마음껏 누릴 수 있도록 배려한 설계다. 또한, 화천군 공공 산후조리원은 지역에 1년 이상 거주 중인 여성이라면 누구나 2주간의 이용 요금인 180만 원이 전액 면제된다. 최문순 화천 군수는 이렇게 말했다. "엄마가 아이를 임신했을 때부터 대학을 졸업시킬 때까지 안심하고 아이를 양육할 수 있는 환경을 만드는 것이 군정의 최우선 목표입니다." 이러한 파격적인 정책의 효과는 실제 수치로도 증명되고 있다. 2024년 기준, 전국 출산율이 0.75명인 반면 화천군의 출산율은 1.51명으로 무려 두 배 이상 높았다. 게다가 출산 여성의 평균 연령도 점점 낮아지고 있으며, 이는 젊은 세대가 아이를 낳고 키울 수 있는 환경에 대해 신뢰를 하고 있다는 뜻이기도 하다. 화천군이 10년 넘게 최우선 과제로 추진해 온 '아이 기르기 가장 좋은 화천 만들기' 정책. 그 정책의 결과가 지금, 하나둘 입증되는 중이다.

2023년 하반기 통계청 발표에 따르면, 맞벌이 가구는 전체 유배우 가구 중 48.2%를 차지했다. 통계청 관계자는 이 수치가 지속적으로 증가하는 추세라며, 그 배경에는 여성들의 취업 활동 증가, 정부의 지원 확대, 그리고 무엇보

단위: 천가구

지표	2015	2016	2017	2018	2019	2020	2021	2022	2023
맞벌이가구	5,370	5,535	5,446	5,684	5,680	5,675	5,826	5,846	6,115

출처 : KOSIS

다 높은 집값 같은 현실적인 요인들이 복합적으로 작용하고 있다고 분석했다. 출산에 대한 지원도 물론 중요하다. 하지만 지금의 대한민국에서는 화천군처럼, 맞벌이 가구를 위한 현실적인 프로그램, 그리고 아이를 양육하는 그 오랜 시간 동안 안심하고 아이를 키울 수 있는 환경을 조성하는 것이 무엇보다도 절실하다. 출산율의 문제는 단순히 숫자만의 문제가 아니다. 그 안엔 '지금 이 사회에서 아이를 낳아도 괜찮을까'라는, 수많은 부모의 조심스러운 질문이 숨어 있다.

#현장의 목소리

각 지자체가 지방 소멸을 극복하기 위해 다양한 노력을 하고 있다는 걸 글을 쓰며 더 자주 접하게 된다. 정책, 지원책, 성공 사례들. 하지만 문득 이런 생각이 들었다. 현장에 있는 사람들은 이 문제를 어떻게 느끼고 있을까? 그래서 오랜 시간 지방에서 공직에 몸담아온 충청남도 금산교육지원청의 김진규 과장에게 조심스럽게 이야기를 청해 보았다. 그는 지방 소멸 위기를 이야기하며 네 가지 현실적 방안을 차분히 제시했다.

1. 인구 유입 촉진

"청년이 지방에 오려면 결국 일자리와 생활환경이 핵심입니다." 김 과장은 IT 산업, 창업 지원, 농업과 기술이 융합된 분야 등 청년들의 관심을 끌 수 있는 지방 특화 산업 육성이 필요하다고 했다. 또한 교육, 의료, 교통 같은 기본 인프라의 개선과 청년 주택 지원을 병행한다면, 지방으로의 실제 유입이 가능해질 수 있다고 했다. "대도시에 있어야만 일할 수 있는 시대는 이제 아니잖아요. 디지털 기술을 활용해 원격 근무, 원격 학습이 가능한 환경을 만든다면 서울에서 일하며 지방에 사는 것도 충분히 가능한 일이죠."

2. 고령화 사회 대응

지방의 또 하나의 큰 문제는 초고령화다. 김 과장은 고령자들이 의료 서비스에 쉽게 접근할 수 있도록 해야 하고, 재택근무가 가능한 일자리, 사회적 참여를 위 커뮤니티나 봉사 프로그램 등을 적극적으로 만들어야 한다고 강조했다. "어르신들이 너무 쉽게 사회에서 고립되는 현실이 안타까워요. 지역 공동체가 다시 살아나야 합니다."

3. 행정 및 정책적 지원

"지방 정부가 자율성을 갖고 지역에 맞는 정책을 추진할 수 있도록 해야 합니다." 그는 단순한 중앙집중형 정책이 아닌, 각 지역의 상황에 맞춘 맞춤형 행정 지원이 절실하다고 했다. 또한 이주자에게는 세금 혜택이나 생활비 지원 같은 실질적인 유인책도 중요하다고 덧붙였다.

4. 자녀 출산 장려 및 가족 친화적인 환경 조성

출산을 단순히 장려금으로 유도하는 것이 아니라, 지방의 특성에 맞는 출산·양육 환경 조성이 필요하다고 말한다. 보육비, 육아휴직, 아동수당 등은 기본이고 어린이집, 유치원, 초등학교 등 육아·교육의 기반을 정비하는 것이 핵심이다. "부모들이 안심하고 아이를 키울 수 있어야, 그 지역에 정착할 이유도 생기는 겁니다."

그는 끝으로 이렇게 정리했다. "지방 소멸 대응을 위해 현재 정부는 연 1조 원 규모의 지방소멸대응기금을 통해 향후 10년간 122개 지자체에 지원하고 있습니다. 중요한 건 단기적인 해결책이 아니라 중장기적이고 종합적인 투자계획, 그리고 지방의 특성과 주민의 요구를 반영한 맞춤형 정책입니다. 정부, 지방정부, 민간이 함께 지속 가능한 방향으로 협력해야만 이 위기를 이겨낼 수 있습니다."

이야기를 들으며 다시금 느꼈다. 지방이 살아야, 나라가 산다. 지방의 변화는 더 이상 '가능성'이 아니라 지금 이 순간, 각자의 자리에서 만들어지고 있는 현실이라는 걸 말이다.

#그들이 바로 서야 나라가 바로 선다

청년층에 대한 지원 관련 기사의 댓글을 보다 보면, 가끔은 참 씁쓸해진다. "한참 젊은 애들을 왜 지원해?", "그 돈으로 소상공인 도와라.", "노인 복지나 강화해라." 댓글의 방향성 때문이 아니라, 그 말들이 담고 있는 '태도' 때문이다. 내가 청년이어서 그런가? 사실 아니다. 나는 법적으로 청년 정책의 혜택을 받을 수 있는 나이를 이미 지나왔고, 청년이던 시절엔 정책이 있는지도 몰랐고, 받아본 적도 없다. 그저 그 시절을 정신없이 지나쳐버렸다. 소상공인과 노인을 위한 다양한 정책들이 현재도 시행 중이라는 걸 우리는 안다. 그리고 당연히 그들에 대한 지원도 중요하다. 하지만 젊다는 이유 하나로 "넌 젊잖아, 알아서 해야지."라고 넘기는 게 과연 어른다운 태도일까? 청년이 바로 서야, 대한민국이 바로 선다는 것. 그건 누구나 알고 있는 진실 아닌가.

국토교통부는 청년층의 주거비 부담을 덜기 위해 월 20만 원씩 12개월을 지원하는 '청년 월세 특별지원 프로그램'을 운영 중이다. 전국에서 시행되고 있고, 소득이 낮은 청년을 우선 지원 대상으로 삼는다. 또한 주택도시기금에서는 청년 전용 보증부 월세 대출을, 한국주택금융공사에서는 무주택 청년의 전월세 자금 지원 사업을 운영하고 있다. LH(한국토지주택공사)의 청년 전세 임대주택 사업 역시 대학생과 사회 초년생을 대상으로 공고를 통해 입주자를 모집하고 있다. 전국에 걸쳐 진행되기 때문에 원하는 지역에서 신청이 가능하며, 최저 100만 원의 보증금으로도 입주할 수 있다. 희망자에 한해 보증금을 더 납부하면 월세 부담을 줄이는 방식도 가능하다. 하지만 문제는 여전히 많다. 지원 대상이 되는 소득 기준이 너무 낮고, 정작 그 기준을 제대로 알고 있는 청년들조차 드물다. 청년 인구는 줄어드는데, 지원 기준은 달라지지 않고 있다.

그 와중에 전라남도에서 등장한 '만원주택' 정책은 꽤 파격적이었다. 신혼부부와 청년들이 보증금 없이 월 1만 원에 최장 10년까지 거주할 수 있도록 한 주택 정책이다. 경쟁률은 높고, 아직 보완할 점도 많지만, 이런 실험적인 정책이 아니면 지방에서 청년을 유입시킨다는 건 거의 불가능에 가깝다. 인구 소멸 위기를 겪고 있는 다른 지역들 역시 이런 도전이 필요하다. 만약 이 사업이 투명성을 간직하며 지속된다면, 분명 다른 지역에서도 모방할 수 있는 성공 사례로 자리 잡을 수 있을 것이다.

청년을 위해 투자하는 일은 단지 한 세대를 위한 지원이 아니다. 그건 곧, 사회를 지탱할 다음 세대를 위한 준비다. 댓글에 담긴 냉소보다, 정책 하나에 담긴 진심이 훨씬 더 큰 울림을 줄 수 있다는 걸 보다 더 많은 지자체에서 증명해주길 바란다.

#스타트업 기업을 위한 정부의 지원

사실 우리는 정부를 비판하기에 바쁘다. 무능력하다, 보여주기식이다, 실질적인 도움은 없다고 말하며 댓글을 달고, 말끝마다 "나라가 이래서…"를 붙인다. 정말 그럴까? 그렇게 욕을 먹는 정부의 지원으로, 조용히 자리를 잡아가는 사람들은 정작 그 말을 쉽게 꺼내지 못한다. 대표적인 예가 스타트업이다. 정부 지원으로 성장했거나 성장 중인 스타트업들이 전국 곳곳에서 가능성을 보여주고 있다. 2024년 한 해 동안, 정부와 지자체는 창업 지원 사업에 약 3조 7천억 원을 투입했다. 가장 큰 비중은 융자 및 보증, 그다음으로는 사업화와 기술개발 순으로 예산이 배정됐다. 청년들이 아이디어 하나만 가지고도 창업에 도전할 수 있는 기반이 조금씩, 그러나 확실히 만들어지고 있다. 이런 지원은 수도권에만 국한되지 않는다. 오히려 지방은 지원을 받을 수 있는 경쟁률이 더 낮고, 공간 확보나 창업 인프라 구축 면에서 더 유리한 조건을 제공하는 경우도 많다. 이 외에도 창업 생태계를 전반적으로 뒷받침하는 교육, 네트워킹, 투자 연계 프로그램 역시 운영되고 있다.

해외는 어떤가. 프랑스 파리는 'Station F'라는 세계 최대 규모의 스타트업 캠퍼스를 운영하며 글로벌 진출, 자금 조달, 네트워크 형성 등을 집중적으로 지원하고 있다. 싱가포르의 'Startup SG'는 글로벌 진출을 꿈꾸는 스타트업을 위해 국가 차원의 인센티브와 파트너십을 제공하고 있다. 미국, 중국은 이미 창업 강국이고, 일본은 AI, 로보틱스 등 고급 기술 중심의 창업 생태계로 방향을 잡았다.

우리에겐 잠재력은 있지만 위기에 직면한 기업들, 그리고 경쟁력 있는 유망 스타트업 기업들이 존재한다. 이들이 자리 잡고, 성장할 수 있는 환경을 만들어주는 것은 단지 그 기업만의 성공을 위한 일이 아니다. 결국 이것은 나라 전체의 경제를 튼튼하게 만드는 일이다. 새로운 일자리를 창출하고, 글로벌 시장에서의 경제력을 높이기 위한 가장 현실적이고 필요한 과정이다.

정부를 무조건 감싸자는 이야기가 아니다. 비판은 필요하다. 하지만 가끔은 실제로 이뤄지고 있는 변화의 조각들도 함께 바라봐야 하지 않을까. 그 안에서 젊은 사람들의 도전이 시작되고 있다는 것, 그걸 인지하는 순간부터 우리가 내뱉는 말의 무게도 조금은 달라질 수 있을 것이다.

지방에서 성공한 사업가들

#지방의 특성을 살린 프랜차이즈

예전엔 유행이 서울에서 시작돼 지방으로 퍼져나가는 게 당연했다. 지방은 서울을 바라보고, 서울은 곧 트렌드였다. 하지만 지금은 다르다. 지방에서 시작된 유행이 수도권으로 진출하는 사례가 점점 더 많아지고 있다. 이제는 지방이 서울 브랜드에 큰 배타성을 갖고 있지도 않고, 서울 역시 지방 브랜드를 까다롭게 가리지 않는다. 우리가 중요하게 생각하는 건 단 하나. '어디서 왔는가?'가 아니라, '내 돈을 써도 아깝지 않은가?'라는 점이다.

설빙, 명랑핫도그, 봉구비어, 고봉민 김밥, 컴포즈커피. 이 브랜드들의 공통점은? 모두 부산에서 시작했다. 토끼정, 서가앤쿡, 두찜, 신전떡볶이는 대구 출신 브랜드들, 우리나라 3대 치킨 프랜차이즈 중 하나인 교촌치킨은 경북 구미에서, 전주비빔밥과 현대옥은 전주에서, 장충동 왕족발, 선비 꼬마김밥, 이화수 육개장은 대전에서 출발했다. 이제는 전국 어디서나 각 지역의 음식과 문화, 감성을 맛볼 수 있는 시대다. 지방의 맛이 전국으로, 나아가 세계로 뻗어가는 중이다.

지금은 단지 맛있는 음식을 넘어서, 경험을 소비하고, 지역을 경험하는 시대다. 그 지역 고유의 분위기, 음식이 가진 스토리, 브랜드가 담고 있는 문화적 색깔까지 함께 소비되고, 함께 퍼져나간다. 지역 음식이 전국화되고, 해외 진출까지 이어지는 것은 단순한 매장 확장이 아니라 한국이라는 나라의 색을 입힌 문화 확산이기도 하다.

게다가 이제는 직접 가지 않아도 지방을 만날 수 있는 시대다. 전라도식 김치, 속초 오징어순대, 제주 황금향, 부산 돼지국밥, 완도의 산 전복. 이 모든 것들이 택배 한 번이면 우리 집 식탁에 올라온다. 지역의 맛과 향기가 담긴 음식이 공간의 한계를 뛰어넘어 전국을 돌고, 세계로 뻗는다. 누군가는 이미 이 흐름을 기회로 바꾸고 질주하고 있다. 물론, 전국적으로 확장되는 과정에서 맛이나 서비스의 변질이 생길 수도 있다. 하지만 철저한 공급망 관리, 매장 교육, 일정한 품질 기준을 세운다면 이건 단순한 프랜차이즈 사업을 넘어서 지역 고유의 정체성을 살린 문화 확장의 기회가 될 수 있을 것이다.

이렇게 확장된 음식들 속에, 우리는 많은 지역의 노력과 도전을 잊고 있진 않을까? 우리의 미각을 사로잡는 그 한입 뒤에는 수많은 시도와 실패와 작은 성공들이 쌓여 있다는 것. 그것을 기억한다면, 지방이 더 이상 변방이 아니고, 하나의 중심이 될 수 있다는 사실도 조금은 자연스럽게 받아들여질 것이다.

#지방으로 이전하는 기업들

일본은 이미 본사 기능을 지방으로 이전하고, 중소기업들 또한 지방 이전을 하는 사례들이 늘고 있다. 대표적으로 파소나와 후지쯔다. 코로나 이후 근로 방식의 다양화에 대한 이해가 깊어졌고, 거기에 행정에 의한 전폭적인 지원이 겹치며 기업의 지방 이전이 본격화하기 시작했다. 우리나라 또한 지방 이전 기업에 지원금을 늘리는 추세다. 지방 이전으로 인해 기업들은 다양한 비용을 절감할 수 있고, 최적의 이전처를 찾을 경우 비즈니스의 확대 또한 기대할 수 있다. 무엇보다 근로자의 워라밸을 개선할 수 있다는 건, 기업의 경쟁력을 높이는 데 있어 무시할 수 없는 이점이다.

세계적인 브랜드 나이키의 시작은 1962년, 미국 포틀랜드였다. 이 선택은 창립자 필 나이트의 개인적인 배경과도 연결되지만, 포틀랜드라는 도시는 나이키에게 충분한 이점을 제공하는 지역이기도 했다. 나이키는 이 도시와의 긴밀한 관계를 브랜드 이미지 안에 통합시켰고, 그 결과 지역 발전과 브랜드 가치 모두를 높이는 데 성공했다. 이제는 굳이 본사를 방문하지 않더라도 포틀랜드 안에 있는 나이키 타운은 이미 수많은 여행자들이 찾는 대표 관광지로 자리 잡았다.

우리나라에서도 지방 이전에 성공한 몇 안 되는 사례 중 하나로 게임 회사 네오플이 있다. 넥슨의 자회사인 네오플은 2015년 초, 본사를 제주도로 옮겼다. 물론, IT 인재들 입장에서 "제주에서 일하자"는 제안은 절대 간단하지 않았다. 그에 따라 네오플은 파격적인 복지를 내걸었다. 제주 이전 직원들에게 1인 1주택 제공, 사택을 원치 않는 경우 무이자 전세대출 지원, 서울-제주 항공권 월 1회 제공 (직원 + 배우자 + 자녀 포함), 그리고 국내 최고 수준의 사내 어린이집, 도토리 소풍 제주원 운영이 이에 해당한다. 이러한 혜택은 단지 '이전'의 조건이 아니라 '함께 가는 동료'를 위한 진심이었다. 그래서 지금의 네오플은 단지 제주로 옮겨간 본사가 아니라, 그곳에서 지역과 공존하며 성장하는 기업으로 남아 있다.

우리나라에서 지방 이전에 성공한 기업의 수가 적은

이유는 분명하다. 이전 인센티브가 기업에만 집중되어 있기 때문이다. 기업이 지방으로 옮긴다고 해서 직원들이 당연히 따라올 거라는 생각은 너무도 순진하다. 이전은 물리적인 이동이 아니라, 사람과 삶을 통째로 옮기는 일이기 때문이다. 지방으로의 이전이 직원들에게도 긍정적인 변화가 되어야 하고, 그들의 경력 발전에 불이익이 되지 않도록 새로운 기회와 보상이 함께 제공되어야 한다.

기업만을 위한 지방 이전은 오래가지 못한다. 결국 이 모든 결정은 사람으로 완성되는 일이기 때문이다. 사람을 위한 이전은, 결국 지역과 함께 성장하는 진짜 이전이 될 것이다.

#귀농을 준비하고 있다면

현재 농업인의 삶을 살아가고 있는 '신문석'. 그는 귀농 당시 "농부가 농사만 잘 지으면 되지"라는 말을 신념으로 생각했지만, 애지중지 키운 농산물이 제값을 받지 못하는 상황에 직면하자 유통과 판매에 대해 본격적인 관심을 두고 공부하기 시작했다. 현재 그에게 날개를 달아준 '라이브 커머스'.

그의 이야기를 들어보자.

안녕하세요. 저는 농업과는 전혀 무관한 삶을 살다가, 2022년에 귀농을 결심하게 된 신문석입니다. 처가의 일을 도우며 '땀방울의 가치를 고스란히 보상받는 느낌'을 받았던 그때, 저는 비로소 농업에 관심을 두기 시작했죠. 그러나 현실은 달랐습니다. 뉴스에서만 보던 인력난, 고령화, 기후변화가 그대로 제 삶에 내려앉았고, 일손이 부족해 정미소가 문을 닫고, 폭우 한 번에 생산량이 30%나 줄어들기도 했습니다. 무엇보다 힘들었던 건 잘 키운 농산물이 제값을 받지 못할 때였습니다. 그때부터 저는 '잘 키우는 농부'보다 '잘 파는 농부'가 되어야겠다고 다짐하게 됐습니다. 그렇게 시작한 것이 라이브 커머스였습니다.

처음엔 작은 시도였지만, 직접 소비자와 소통하고, 농

부의 진심이 화면 너머로 고스란히 전해지는 경험을 하면서 이 방식이 기존 농촌 유통 구조를 바꿀 수 있다는 확신이 생겼습니다. 마을 어르신들과 함께 방송을 진행하기도 했고, 그 과정에서 쌓인 노하우로 책도 출간하게 되었죠. 지금은 여러 기관에서 강의를 나가기도 하고, 조용히 농촌에 새로운 바람이 불고 있다는 걸 체감하고 있습니다.

최근엔 또 다른 문제에 관심을 가지게 되었습니다. 바로 '빈집'입니다. 우리나라에는 약 13만 채의 빈집이 존재하고, 그중 대부분은 지방, 특히 인구 소멸 지역에 몰려 있습니다. 그래서 저는 지금, 마을의 빈집 옆에 수직 농장을 세우고 그곳에서 수확한 채소로 샐러드와 샌드위치를 만드는 체험 프로그램을 기획하고 있습니다. 봄이 되면, 조용한 이 마을에 사람들이 하나둘 모이고, 북적이는 소리에 마을이 다시 살아나는 모습을 상상합니다. 그 상상이, 지금의 제 원동력입니다. 저는 이렇게 생각합니다. 문제가 많으면, 답도 많다. 그래서 제가 살아가는 이곳의 문제에 귀를 기울이기로 했습니다. 그게 작은 관심일지라도, 그 관심이 한 마을의 변화를 이끌 수도 있다는 걸 이제는 믿게 되었습니다. 귀농을 꿈꾸는 분들께 꼭 드리고 싶은 말이 있습니다. '귀촌'은 행복을 위해, '귀농'은 성공을 위해 한다는 말이 있죠. 그만큼 귀농은 도전입니다. 그리고 도전에는 반드시, '준비'와 '대비'가 필요합니다.

1. 농사지을 땅은 마련됐나요? 어떤 작물을 재배할지, 그 작물에 대한 이해와 능력은 갖춰졌나요?
2. 땅을 못 구하거나, 첫 해 수확이 실패하거나, 수익이 기대만큼 나지 않을 때, 대비책은 있나요?

이 두 가지가 없다면, 귀농은 오히려 더 큰 좌절이 될 수 있습니다. 하지만 반대로, 준비와 대비를 갖춘 귀농은 남들보다 한 걸음 앞선 출발선이 될 수 있습니다. 그리고 저는 지금, 그 출발선에서 조금씩 앞으로 나아가는 중입니다. 문제가 있는 곳엔 늘 가능성도 숨어 있으니까요.

#좋은 이야기는 전국 어디에나 있다

경남 통영에는 조금 특별한 출판사가 있다. 이름도 참 예쁘다. '남해의 봄날'. 우리가 흔히 알고 있는 출판사의 대부분은 서울과 수도권에 있다. 실제로 국내 등록 출판사 약 9만 7천 곳 중 79%가 수도권에 몰려 있다고 하니까. 그 속에서 통영이라는 바닷가 도시에서 책을 만들고, 지역의 이야기를 발굴해 내는 한 출판사가 있다는 사실만으로도 왠지 마음이 따뜻해진다. 정은영 대표는 한 인터뷰에서 이렇게 말했다. "지역 소식을 전하는 매체는 대부분 수도권에 몰려 있고, 지역엔 메신저들이 많지 않다고 느꼈어요. 사라지면 안 되는 좋은 이야기들, 지역의 목소리를 책으로 전하고 싶었죠." 그래서 탄생한 책이 《성심당, 우리가 사랑한 빵집》이다. 대전의 작은 빵집이 지역 기업으로서 어떤 정체성과 진심을 품고 있는지를 보여준 이 책은 결국 남해의 봄날이라는 작은 출판사 덕분에 세상에 나왔다. 사실, 성심당은 서울의 몇몇 출판사들과 출간 논의를 했다고 한다. 하지만 지역 문화에 대한 이해 부족으로 무산되었고, 그 기회는 남해의 봄날에게 돌아갔다. 지역에서, 지역을 가장 잘 이해하는 이들에 의해서 그 책은 세상에 나올 수 있었다.

이런 출판사는 남해뿐이 아니다. 온다프레스(강원 고성), 포도밭출판사(충북 옥천), 이유출판(대전), 열매하나(전남 순천). 이 모든 출판사는 서울을 떠나 지방에 뿌리내린 사람들에 의해 운영되고 있다. 서울이 아니어도 괜찮다. 출판과 관련한 대부분의 미팅은 화상으로 가능하고, 원고 교정, 편집, 인쇄까지 대부분의 일들은 이메일과 인터넷으로 처리된다. 게다가 출판 시장이 절대 넉넉하지 않은 만큼, 지방의 저렴한 임대료와 생활비는 사업을 유지하는 데 있어 분명한 장점이 된다. 물론 대형 서점이 몰린 서울 출장은 피할 수 없다. 하지만 책은, 글은, 사람은 서울에만 있는 게 아니다. 따뜻한 이야기, 기록할 만한 삶의 순간들은 전국 어디서든 만날 수 있고, 오히려 지역적인 독창성은 출판물의 다양성과 감도를 높여주는 소중한 자산이 된다.

우리는 흔히 말한다. "사업은 지방에서 하면 손해 아니야?" 하지만 이젠 정말 많은 것들이 달라졌다. 온라인이 일상화된 시대, 우리는 이제 '어디에서 일하는가?'보다 '어떤 이야기를 하고 있는가?'가 더 중요해진 세상에 살고 있다. 남해의 봄날 같은 출판사들이 이제 더 이상 낯설지 않은 이유도 아마 그래서일 것이다.

#이제는 지역이 상관없는 일들이 더 많아질걸?

노트북 하나만 있으면 된다. 장소에 구애받지 않고 일하고, 출퇴근도 없고, 지옥철도 없다. 요즘 사람들 사이에서 가장 많이 회자하는 키워드, '디지털 노마드' 이야기다. 위탁판매, 공동구매, 해외 구매대행, 온라인 강의, 크리에이터, 스마트스토어, 전자책, 블로그, 제휴 마케팅, 영상 편집, 로고 제작 등. 작업 도구는 단 하나, 노트북이면 충분하다. 진입장벽은 낮아졌고, 선택지는 많아졌다.

디지털 노마드로 어느 정도 성공을 이룬 사람들은 이후에는 그 경험을 바탕으로 전자책이나 온라인 강의라는 2차 파이프라인을 만든다. 정보를 소비하던 사람이, 정보를 생산하고 파는 사람이 되는 것이다. 나 역시 그런 경험이 있다. 해외 구매대행, 스마트 스토어, 온라인 사이트 전자책 판매. 시도와 실패, 그리고 소소한 성공을 반복하던 그 시절이 지금도 선명하다. 지금 내가 보고 있는 유튜브의 쇼츠, 인스타그램의 릴스 영상들이 누군가에게는 수익을 안겨주는 진짜 '일'이라는 것도 잘 알고 있다.

요즘은 뉴스 기사에서도 BJ나 스트리머 같은 이전에는 없던 직업이 자주 등장한다. 이전 세대는 그들을 "정상적인 직업이 아니다"라며 고개를 젓기도 한다. 하지만 생각해 보면 그들도 단지 시대의 변화에 맞춰 걷고 있을 뿐이다. '없던 직업이 생긴다'는 건, 시대가 바뀌고 있다는 명백한 증거다. 새로운 직업군이 생겨나고, 그 안에서 실질적인 수입을 얻는 사람들이 많아질수록 우리는 이제 그들을 비난할 게 아니라, 이해하고 적응할 필요가 있다. 물론, 수입에 상응하는 세금이나 제도적인 가이드라인은 필요하다. 새로운 일에 맞는 새로운 질서가 뒤따라야 하니까.

하지만 그렇다고 해서 디지털 노마드가 모두에게 쉬운 길은 아니다. 자유로움만 보고 시작하면, 현실은 그보다 훨씬 더 냉정하다. 회사라는 울타리도 없고, 동료도, 정해진 업무 시간도, 누구 하나 지시하는 사람도 없다. 모든 일을 스스로 판단하고, 계획하고, 실행하고, 책임져야 한다. 무엇보다, 그 고립된 시간 안에서 스스로를 밀어붙일 수 있어야 한다. 디지털 환경을 얼마나 깊이 이해하고, 얼마나 빠르게 파악하고, 얼마나 정확하게 활용하는지에 따라 기회는 전혀 다른 사람에게 흘러간다. 그리고 그 기회를 버티지 못한 사람들은 말한다. "디지털 노마드는 뜬구름 잡는 소리야." 하지만 나는 알고 있다. 그 뜬구름 속에서 실제로 살아가는 사람들이 있다는걸.

디지털 노마드는 진입은 쉬워도, 생존은 어렵다. 차별화가 핵심이고, 매일매일 반복되는 고민과 실험의 무한 루프 속에서 겨우 하루하루를 쌓아간다. 그런데도 이 흐름은 멈추지 않는다. 앞으로도 더 많은 기회와 더 많은 직업이 생겨날 것이고, 그만큼 새로운 경쟁자들도 늘어날 것이다. 그들은 어디에 살든 상관없다. 시골일 수도, 해외일 수도, 캠핑카 안일 수도 있다. 그리고 그들은 출퇴근의 지옥을 경험하지 않으면서도, 자신만의 방식으로 삶을 설계하고 살아갈 것이다. 누군가는 그들을 부러워하고, 누군가는 그들의 재능과 노력을 깎아내릴지도 모른다. 하지만 진짜 중요한 건 남들이 뭐라 하느냐가 아니라, 얼마나 변화에 적응하느냐다.

인구소멸이 가져다줄
우리의 미래

#현재의 추세가 유지된다면

대한민국은 전 세계에서 처음으로 출산율 0명대를 기록한 나라다. 아이들의 울음소리는 점점 사라지고, 아이들을 위한 공간엔 어느새 노인을 위한 시설이 들어서고 있다. 수도권으로의 인구 밀집은 계속되고, 지방의 평균 연령은 빠르게 높아지고 있다. 지금 대한민국의 평균 연령은 45.5세, 가장 많은 인구는 40대에서 60대 사이에 몰려 있다. 지금의 속도라면, 이 수치는 앞으로 더 빠르게, 더 가파르게 올라갈 것이다. 한국의 초혼 연령은 2024년 기준 남성 33.9세, 여성 31.6세. '고위험 임신'으로 분류되는 35세 이상의 비율은 불과 10년 만에 20.2%에서 36.3%로, 거의 두 배 가까이 증가했다. 아이는 늦게 낳고, 낳지 않거나, 낳고 싶어도 못 낳는 사회. 울음소리보다 침묵이 더 익숙한 나라.

현재 섬 지역을 제외하고 전국에서 가장 인구가 적은 곳은 경북 영양군이다. 지금은 약 1만 5천여 명이 살고 있지만, 15년 뒤에는 1만 명, 30년 뒤엔 5천 명 이하로 줄어들 것으로 예상된다. 경남 창원은 2022년 특례시로 승격되었지만 100만 명 인구 붕괴가 현실이 되었고, 대한민국 제2의 도시라는 타이틀을 지키고 있는 부산 역시 곧 그 자리를 내주게 생겼다. 그렇다면 서울은 안전할까? 서울 역시 자유롭지 않다. 지방에서 유입되던 인구가 줄어들며 자연적인 인구 감소와 결합한 이중 위기가 다가오고 있다. 인구가 줄면 곧 노동력 부족으로 이어지고, 그건 경제 성장의 큰 걸림돌이 된다. 특히 젊은 세대의 부족은 혁신과 생산성, 그리고 사회 전체의 역동성에 치명적인 타격을 줄 수밖에 없다. 지방의 인구가 줄면, 그곳의 문화와 전통은 사라질 것이다. 우리는 이미 초고령 사회에 진입했고, 이제는 소멸이라는 단어조차 낯설지 않은 나라가 되어가고 있다.

하지만 더 무서운 건 그 모든 문제를 이제 당연하게 여긴다는 사실이다. "원래 애 안 낳잖아.", "이제는 지방엔 사람도 없대.", "인구 줄어드는 건 세계적인 흐름이잖아." 그 모든 말들이 너무 익숙해져서, 아무도 놀라지 않고, 아무도 두려워하지 않는다. 이 위기의 직격탄은 우리가 아니라, 우리가 사랑한다고 말하는 미래 세대가 맞게 될 것이다. 아이의 울음소리가 들리지 않는 나라에서 진정한 미래를 이야기하긴 어렵다. 성장도, 희망도, 그리고 삶의 온기도 아이의 존재 없이는 불가능한 일일지도 모른다.

#통계는 숫자에 불과하지만, 꽤 위협적이다

통계는 숫자에 불과하다. 하지만 그 숫자가 예고하는 미래는 생각보다 훨씬 위협적이다. '인구 소멸'이라는 단어는 뉴스 헤드라인에서 종종 봐왔지만, 실제로 우리가 그 안에 서 있다는 감각은 조금씩, 조용히, 그리고 무섭게 다가오고 있다.

한 번쯤 마주쳤을 기사 제목들이다.

1. 올림픽 메달 명맥 끊기나? 학령 인구 급감
2. 미달 → 폐과 → 폐교, 벚꽃 엔딩 현실로
3. 신교대도, 군부대도 해체, 나라 지킬 사람 없어요.
4. 1,000만 노인 시대, 지하철로 본 고령사회
5. 인구 마지노선 2만 명, 50년 안에 78곳 붕괴

물론, 자극적인 문장이다. 하지만, 이 기사 제목들은 지금 실제로 진행되고 있는 이야기다.

파리 올림픽 양궁 메달리스트 남수현 선수는 전남 순천의 성남초등학교 양궁부 출신이다. 하지만 이 학교의 학생 수는 2016년 313명에서 2024년 137명으로 줄었다. 국토연구원에 따르면 2024년 기준 초등학교 입학 수는 36만 명, 2048년엔 절반인 18만 명으로 떨어질 것이라고 한다.

학교가 사라지는 마을, 마을의 중심이 사라지는 공동체. 이는 단지 교실이 없어지는 문제가 아니다. 그건 교육이라는 시스템 전체의 균열을 의미한다.

강원도 화천의 이기자 부대. 70년간 중부 전선을 지켜온 부대 역시 역사 속으로 사라졌다. 함께 존재했던 주변 상권은 흔들리고, 나라를 지킬 병력마저 조용히, 그러나 분명히 사라져가고 있다. 고령화는 이제 지하철의 인파를 넘어서 연금 고갈, 건강보험의 위기로 우리 삶 전반을 위협하고 있으며, 수도권을 제외한 많은 지역은 인구 소멸을 넘어, 기능 자체가 무너질 것이라는 예측도 나온다. 솔직히 말하자면 나 역시 이 책을 쓰기 전까지 '인구 소멸', '지방 소멸'이라는 단어에 큰 의미를 두지 않았다. "아, 인구가 줄었구나.", "이 지역은 위험하구나." 그저 그런 정도였다. 하지만 지금은 다르다. 이건 단지 지역의 문제가 아니다. 이건 국가 전체의 기반이 흔들리는 문제다.

물론 모든 사람이 이 문제에 깊이 관심을 가질 수는 없다. 하지만, 지속 가능한 미래, 그리고 다음 세대를 지켜야 할 책임을 진 우리가 지금보다 조금 더 많은 관심과 노력을 기울일 필요가 있다. 통계가 말하는 미래는 뉴스 속 이야기도, 남의 일도 아니다. 그건 결국, 우리 모두의 이야기다. 문화도 마찬가지다. 드라마에서나 만나게 된 제주어. 이제는 거의 사용되지 않는 한옥과 한지, 전통 공예, 전통주와 전통놀이. 그것들이 사라지는 건 단지 옛것을 잃는 게 아니라, 우리 아이들에게 배우고 느낄 기회 자체가 사라지는 것이다. 책에서 배우는 것과 살아있는 경험으로 배우는 것은 다르다. 그리고 지금, 그 '살아있는 배움'을 줄 수 있는 공간이 사라지고 있다.

숫자와 그래프는 차갑지만, 그 속에는 사실 한 사회의 온기와 숨결이 들어 있다. 우리가 그 안을 제대로 들여다보지 않는다면, 울음소리는 점점 멀어지고 공백만이 늘어나게 될 것이다.

#티켓 없는 삶에도 빛은 있다

대한민국에서의 황금 티켓은 단연코 '명문대 진학'과 '대기업 취업'이다. 이 티켓 하나를 손에 넣기 위해 초·중·고 자녀를 둔 가구가 한 해 동안 사교육비로 쓰는 돈은 무려 27조 원에 달한다. 청년들은 좋은 일자리를 향한 치열한 경쟁에 전력투구하고, 그 와중에 결혼과 출산은 자연스럽게 미뤄진다. 생산성 격차, 노동 시장의 이원화, 그리고 기회의 불균형 속에서 청년들이 '안정적이고 매력적인 직장'만을 좇아가는 이 현상을 경제협력개발기구(OECD)는 '황금 티켓 증후군(Golden Ticket Syndrome)'이라 명명했다. 2022년 한국경제보고서에 언급된 그 용어는, 지금 이 나라의 현실을 너무나도 정확하게 설명하고 있다.

하지만 생각해 보자. 황금 티켓이라는 단어 속에는 이미 전제가 들어 있다. "모두에게 주어질 수 없는 것." 그만큼 희소하고 귀한 것. 그렇기에 우리는 이 티켓을 위해 청춘의 수많은 기회와 시간을 내어주고 있다. 그런데, 그 황금 티켓은 과연 영원할까?

2024년 10월, 이 글을 쓰고 있는 지금, 대한민국의 대기업들엔 구조조정의 칼바람이 불고 있다. 그 흐름은 점점 더 가속화될 것이다. AI의 발달은 수많은 직업을 자동화로 대체하고 있고, 티켓을 손에 넣은 후에도 또 다른 경쟁과 불안 속에 살아가야 하는 현실. 정말 끔찍하다. 하지만 이게 지금, 우리가 살아가는 세상의 진짜 얼굴이다. 중소기업에서 몇 년을 뼈 빠지게 일해도 대기업 신입 연봉보다 못한 급여를 받는 사회. 그 안에서 황금 티켓을 향한 집착은 쉽게 사라지지 않는다.

하지만 시선을 돌려보자. 황금 티켓을 얻기 위해 대학교를 졸업한 후 또다시 취업 준비에 4년을 바친 A 씨와, 일찍 기술을 배워 방위산업체에 취업하고 성실하게 돈을 모으기 시작한 B 씨. 진짜 성공은 누구의 것일까? 대기업만이 정답일까? 최종적으로 재정적 안정을 얻는 게 목적이라면, 시작점부터 다른 이 두 사람의 삶은 다른 의미의 시간이었을 것이다. 무엇보다 중요한 건 자신이 원하는 삶이 무엇인지, 무엇을 위해 그 시간을 보내고 있는지에 대한 질문이다. AI가 은행 텔러, 세무·회계, 행정 사무원을 대신할 시대. 직업이 줄어드는 게 아니라, 새로운 방식의 직업들이 생겨나는 시대. 성공의 기준은 더 이상 한 줄로 정렬될 수 없다.

물론, 나는 여전히 열심히 달리고 있는 청년들에게 좋은 결과가 따르길 간절히 바란다. 하지만, 모두가 황금 티켓을 손에 넣을 수 없다는 현실은 누구보다 우리가 잘 알고 있다. 그렇기에, 이제는 누군가에게 '성공'이란 단어가 꼭 고연봉과 대기업 입사로만 설명되지 않기를 바란다. 재정적인 안정만이 전부가 아니다. 개인적인 성장, 사회적 기여, 자신의 가치관에 맞는 삶을 스스로 찾아가는 여정 자체가 성공일 수 있다. 그들의 피와 땀이 깃든 시간이 절대 사라지지 않길 바라고, 설령 사라지는 듯 보이더라도 절대 좌절하지 않기를 바란다. AI와 자동화는 누군가에게는 위기지만, 또 다른 누군가에게는 새로운 기회와 판이 되기도 하니까.

당신은 정말 황금 티켓을 원하는가? 그 티켓을 가질 능력은 있는가? 아니면, 황금 티켓만을 바라보느라, 지금 당신 앞에 있는 또 다른 가능성을 그저 지나치고 있는 건 아닌가?

#한 우물만 파면 되는 줄 알았지

헤어를 전공하며 관련된 교육을 다닐 때, 난 교육생들에게 이런 말을 참 자주 했다. "우리 직업은 AI가 대체할 수 없는 귀한 일이에요. 자부심을 가지세요." 그때의 나는 진심이었다. 그만큼 그 일이 멋지다고 믿었고, 정말 그런 직업이라 생각했으니까. 하지만 지금의 나는, 그 전공을 내려놓고 전혀 다른 일을 하고 있다. 그럼 지금은 자부심이 없냐고? 아니다. 오히려 더 강해졌다. 글을 쓴다는 건, 돈보다 귀한 일을 하고 있다는 확신이 생겼기 때문이다. 그리고 나는 더 늦기 전에 다른 우물도 파보자는 결심을 한 사람이니까. 한 분야에서 지식과 경험을 쌓고, 묵묵히 자리를 잡아 성공하는 길. 그것만이 유일한 답은 아니라고 지금의 나는 굳게 믿고 있다.

요즘은 음식점도 음식 맛만으로 살아남기 어렵다. 맛은 기본일 뿐. 메뉴 개발, SNS 홍보, 마케팅 등 이것저것 시도하는 사람만이 살아남는 시대다. 누군가는 손님이 오기만을 기다리지만, 누군가는 카메라 앞에 선다. 유튜브를 켜고, 쇼츠를 만들고, 아예 무인 매장으로 부업을 시작해 낮엔 회사원, 밤엔 사장으로 살아가는 이들도 존재한다.

미국 경영학 교수 닉 러브그로브는 이런 말을 남겼다. "세상이 급변함에 따라 평생직장이라는 개념은 사라고, 한 가지 직업을 평생 유지하는 사람도 줄어든다. 다양한 분야를 탐색하고 일탈하며 지평을 넓히는 '스워브 전략(Swerve strategy)'을 구사하는 자만이 살아남는다." 듣자마자 고개가 끄덕여졌다. 물론, 전문성을 무시해서는 안 된다. 자칫하면 어설픈 아마추어로 남을 수도 있다. 하지만 지금 이 시대는 한 치 앞을 내다볼 수 없는 불확실성의 시대. 이럴 때일수록 새로운 지식과 정보에 거부감을 가져선 안 된다. 그건 곧 생존력의 문제다.

앞으로도 분명히 한 우물을 파서 성공하는 사람들은 계속 나올 것이다. 하지만, 한 우물만 파다가 길을 잃는 사람들도 늘 그랬듯이 존재할 것이다. 그래서 나는, 누군가 이미 걸어간 길이 아닌 나만의 길을 지금 이 책을 쓰며 찾는 중이다. 예전과 달라진 인생의 방향에서 새로운 풍경을 보는 재미. 그것이 지금 나의 삶이고, 그 덕분에 더 이상 길을 걷는 과정이 지루하지 않다. 그 사실 하나만으로도 나는 지금, 꽤 괜찮은 삶을 살아가고 있다.

교육과 문화의 차이

#실험용 쥐, 기분 나쁘지만 틀린 말 같진 않아

'사교육'이라는 단어가 우리 사회에 처음 등장한 건 1962년이었다. 공교육이 제도화되면서, 그 '보충 수단'으로 자리 잡은 사교육은 점점 보편적이고도 당연한 것이 되어 버렸다. 1960년대엔 중학교 진학을 위해, 1970년대엔 고등학교 진학을 위해, 1980년대엔 대학 진학을 위해. 사교육은 필수적인 통과의례처럼 여겨졌다. 지금은 어떤가. 사교육의 시작 연령은 점점 낮아지고 있고, 초·중·고 학생 10명 중

8명이 사교육을 받고 있다는 통계가 있다. 코로나로 잠시 감소했던 사교육비는 2023년 기준 27조 원을 돌파하며 역대 최고치를 경신했다. 학생 1인당 월평균 사교육비는 55만 3,000원. 서울은 이보다 월등히 높은 74만 1,000원. 외신도 놀라워할 정도다. 이 사교육은 서울 집값을 밀어 올리는 데에도 한 몫하고 있다.

하지만 곰곰이 생각해 보자. 사교육 자체가 잘못일까? 사교육은, 엄밀히 말하면 의무교육인 공교육이 아닌, 국가의 통제를 받지 않는 교육 활동 전반을 뜻한다. 어떻게 보면, 문제가 되는 건 사교육 자체가 아니라, 그걸 향한 '강박'이다. 사교육 강박증. 자녀가 남들보다 뒤처질지 두려운 마음에 아이의 삶 전체를 스케줄표로 채우는 것. 이 병적인 불안은 영유아 시절부터 아이들을 끊임없는 경쟁과 스트레스의 세계로 밀어 넣는다. 그리고 그 결과, 우리나라 청소년들의 우울 지수는 계속해서 상승 중이다. 지금 우리는 창의력이고, 감성이고, 나발이고 오직 대학 진학이라는 목표 하나에 시간과 돈, 감정과 삶을 모두 투자하고 있다. 그 안에서, 아이들의 '특기'를 발견할 기회는 과연 존재하고 있을까?

CNN은 한국의 사교육 문화를 '실험용 쥐들의 극한 생존 경쟁'에 비유해 보도한 적이 있다. 한 트위터 이용자의 글도 함께 소개되었다. "사교육 열풍을 없애는 길은 초고난도 문항을 없애거나 수능 난도를 낮추는 게 아니라, 학벌과 상관없이 안전하고 좋은 보수를 받는 직장을 누구나 다닐 수 있는 환경을 만드는 것이다." 그 문장은 지금도 머릿속을 맴돈다. 부모에 의해 강제로 책상 앞에만 앉아 살아온 아이는 정작 '자신이 진짜 좋아하는 일'이 무엇인지조차 모른다. 그리고 시간이 지나 그걸 뒤늦게 발견했을 땐 "너무 늦었다"고 자책하게 될 것이다.

부모로서 자식에게 좋은 교육을 하고 싶은 마음은 당연하고도 소중한 본능이다. 하지만, 그보다 더 중요한 건 그 아이가 정말로 원하는 게 무엇인지를 함께 찾아가는 과정이 아닐까?

미래학자 앨빈 토플러는 이렇게 말했다. "저는 한국 사람들이 도저히 이해되지 않습니다. 그들은 미래에 필요하지 않을 지식과 존재하지 않을 직업을 위해 매일 15시간씩 낭비하고 있습니다. 이것은 학생들의 잘못이 아닙니다. 한

치 앞도 못 보는 부모들을 포함한 어른들의 잘못입니다."

#도전은 허락보다 믿음에서 자란다

대부분의 부모는 큰 착각을 하고 있다. 아이들이 집 밖에서 노는 것보다, 자기 방 안에서 스마트폰이나 태블릿을 들여다보는 게 더 안전하다고 믿는다. 어쩌면 그건, 바깥세상이 너무 무섭게만 느껴져서일지도 모른다. 바깥 놀이는 이미 사라진 지 오래다. 아이들은 더 이상 놀이터에서 친구와 부대끼지 않는다. 대신, 손안의 화면 속에서 말없이 스크롤을 넘기며 하루를 보낸다. 그리고 그 안에서는 소통도, 공감도, 사회성도 조금씩 사라지고 있다.

스마트폰이 없던 나의 어린 시절, 나는 친구들과 동네에서 개구리를 잡았고, 롤러스케이트를 타며 골목을 누볐다. 놀이터에서는 흙을 만지며 뛰어놀았고, 어느새 해가 저물 때쯤엔 엄마의 부름에 아쉬운 발걸음으로 집에 돌아왔다. 그때의 놀이는 서열이나 경쟁이 아닌, 함께 놀기 위한 마음이 먼저였던 시절. '깍두기'라고 불리는, 어느 하나 소외되지 않게 하려는 따뜻한 배려의 문화도 그 속에 있었다. 하지만 요즘은? '깍두기'보다 '학교 폭력'과 '왕따'가 더 익숙한 단어가 되었다.

처음 내가 미용을 하겠다고 말씀드렸을 때 탐탁치 않아 하셨던 부모님의 모습이 떠오른다. 그땐 그럴 수밖에 없는 사회 분위기였다. 하지만 곧 나의 꿈을 응원해 주셨고, 내 결정을 존중해주셨다. 퇴사하고 글을 쓰겠다고 했을 때도 마찬가지였다. 그저 '믿는다'는 눈빛. 그게 전부였다. 지금은 오히려 내가 글을 쓴다는 것에 감사하다고 말하신다. 글이라는 세계가 나를 조금이나마 좋은 쪽으로 이끌어 줄 것 같다며.

생각해 보면, 이런 부모님의 태도가 무엇이든 시도해 볼 수 있는 내 마음속 용기의 발판이 되어준 것 같다. 그래서일까. 요즘 아이들의 **빽빽**한 학원 스케줄을 보면 나는 좀처럼 납득이 가지 않는다. 이는 연구 결과가 대답해 준다. 사교육비 지출 증가가 고등학생의 학업 성취도에 큰 영향을 주지 않는다는 것을. 오히려 자기 주도 학습이 목표 의식을 키우고, 자존감과 창의력에 훨씬 큰 영향을 준다는 것을. 교육부는 이런 과학적 데이터를 단지 참고 자료로만 남기지 말고, 실제 정책과 프로그램으로 연결해야 한다. 공교육만으로도 아이들이 자신만의 재능을 발견할 기회가 충분하다는 걸 몸소 보여주어야 한다.

그리고, 그 변화는 수도권 중심의 편견을 깨는 첫걸음이 될 수도 있다. '좋은 교육 = 수도권'이라는 고정관념도 서서히 흔들릴 수 있을 것이다. 결국 중요한 건, 무엇을 시키느냐보다 누구로 키우고 있느냐이다. 아이에게 중요한 건 조금 늦게 가더라도 자기 속도로 살아갈 수 있도록 지켜봐 주는 어른 한 명일 수도 있다.

#명문 학교, 그리고 인맥

자녀를 명문 학교에 보내고자 하는 부모들의 목적은 단순히 교육의 질 때문만은 아니다. 그 학교에서부터 시작되는 인맥과 기회. 그게 진짜 노림수다. 하지만 생각해 보자. 자녀가 아직 자아도 성립되기 전인 초·중·고등학교 시절부터 인맥과 기회를 기대하는 건 어디까지나 부모의 욕심 아닌가? 누군가는 이렇게 말한다. "그게 사회야. 현실은 어쩔 수 없어." 그래, 맞다. 사회적·경제적 엘리트들과의 연결이 취업과 사업, 사회생활에서 중요하다는 것. 그건 부정할 수 없다.

하지만 묻고 싶다. 그 연결이, 그 인맥이, 정말 자녀의 잠재력을 끌어올리는 데 도움이 되나? 타인의 도움이 전제되어야만 오히려 성공할 수 있다고 믿는 태도. 그 믿음은 아이에게 '넌 혼자 힘으론 안 될 거야'라는 메시지를 끊임없이 주입하는 건 아닐까? 사실 학벌주의는 대학교 정도면 충분하다. 초등학생은 초등학생답게, 중학생은 중학생답게, 고등학생은 고등학생답게 그 시절에만 겪을 수 있는 평범한 하루하루 속에서 더 많은 걸 배우게 해줄 기회를 빼앗고 있다.

아이에게 어른 흉내를 내게 하지 말자. 조금만 눈을 돌려 보면 요즘 아이들의 일상은 이미 너무 바쁘고, 너무 '정해져' 있다. 소중하지만 짧은 어린 시절을 더 짧게 만들어선 안 된다. 부모가 아이를 믿어주는 일. 그게 명문 학교보다 먼저여야 한다. 무언가를 믿는다는 건 기회나 결과를 쥐는 것보다 더 어렵고, 더 용기 있는 일이다. 사실 모든 건 결국 확률 게임일 뿐이다. 좋은 교육을 받으면 공부를 잘할 확률이 높아진다. 명문 대학을 나오면 좋은 직장에 취업할 확률이 높아진다. 그럼, 명문 학교를 나오면 좋은 인맥을 만날 확률이 높아지는 걸까? 그건 잘 모르겠다. '좋은'이라는 단어에 대한 생각 자체가 사람마다 다르니까. 누군가에게 '좋은'은 조건일 수 있고, 누군가에겐 인성일 수도 있다. 정말로 '좋은 인맥'을 만나고 싶다면, 그 시작은 결국 나 자신이 되어야 한다. 그 말은 남녀관계에만 적용되는 게 아니다. 결국, 좋은 인맥을 쌓고 싶다면 부모 혹은 자녀부터 그럴 자격을 갖춰야 한다.

#늘 존재하는 두 가지 시선

"공부를 왜 해야 해?" 아이들이 던지는 이 질문 앞에 어른들은 잠시 말을 잃곤 한다. 솔직히 말하자면 어릴 때 공부가 싫었던 건 우리도 똑같지 않았던가. 하지만 그렇다고 해서 "그래, 하지 마."하고 등을 돌리는 건 무관심이 아닌 방임이다. 공부는 때때로 성장통처럼 불쑥 찾아오는 삶의 한 과정이기 때문이다. 아이와 함께 고민하고, 무엇이 문제인지 들여다보는 것. 그건 어른이 해야 할 몫이다. 한때, 악동뮤지션 남매의 홈스쿨링은 세간의 화제였다. YG 양현석 대표는 "획일화된 제도권 교육을 벗어나 광활한 초원에서, 공해 없는 자연을 배경으로 마음껏 상상력을 펼치며 자란 것이 그들의 색깔을 만들어줬다"고 말했다. K팝 스타 남승용 CP 역시 "만약 이들이 정규 교육만 받았다면 이런 감성은 길러지기 어려웠을 것"이라며 그들의 자유로움을 높게 평가했다.

배우 차인표도 첫째 아들을 1년간 홈스쿨링으로 키웠다. "6학년 무렵, 아이 얼굴이 점점 어두워지더라. 그래서 학교를 쉬게 했다. 옆에서 함께 공부하고, 일주일에 하루는 농사, 하루는 수영. 그렇게 시간을 보내니 아이의 표정이 다시 환하게 피어났다." 그는 그 시간을 '아이 인생의 전환점'이라 말했다. 이처럼, 홈스쿨링은 학교의 대안이 될 수 있다. 하지만 사방에 널린 유혹 속에서 스스로 리듬을 만들고, 몰입을 지속하는 건 결코 쉬운 일이 아니다. 그리고 홈스쿨링의 핵심은 아이보다 어른에게 있다. 부모의 조급증과 맞닿을 경우, 오히려 아이를 더 옥죄게 되는 역효과가 발생하기도 한다. 누구나 홈스쿨링을 한다고 악동뮤지션이 되는 건 아니다. 그렇듯, 누구나 명문 학교에 다닌다고 성공하는 것 역시 아니다.

분명한 건 하나다. 대부분의 천재는 학교 교육만으로 만들어지지 않는다. 에디슨도, 마이클 펠프스도, 노벨물리학상 수상자인 피에르 질 드 젠도 모두 홈스쿨링을 거쳤다. 한국의 이송용·정해영 부부는 세 자녀 모두를 홈스쿨링 했고, 그중 큰딸은 15세에 전남대에 입학했다. 미국은 홈스쿨링 문화가 꽤 발달되어 있다. 하지만 한국은 그렇지 않다. 이유는 단순하다. 우리는 남들과 다른 길을 걷는 것 자체를 두려워하는 민족이기 때문이다. 그래서 나는, 이 말에 깊이 동의한다. "악동뮤지션이 한국에서 정규교육만 받았다면, 우리는 그들의 음악을 듣지 못했을지도 모른다."

#장소의 문제가 아니라, 의지의 차이다

어린 시절 무엇을 어떻게 경험하느냐는, 아이들이 성장한 뒤 어떤 사람으로 살아갈지에 지대한 영향을 끼친다는 건 누구나 알고 있는 사실이다. 하지만, 서울에서의 경험만이 정답일까? 물론 서울은 우리나라 교육의 중심지다. 명문 대학, 유명 학원, 각종 교육 기관들이 빽빽이 자리하고 다양한 교육 기회와 정보의 밀도는 분명 지방과 차이를 만든다. 하지만 중요한 건 그 '기회'가 과연 내 아이의 성향과 필요에 부합하는가이다. 그 기준이 아이가 아닌, 사회적 기대나 남들의 시선에 맞춰져 있다면 그건 교육이 아닌 경쟁의 대리전일지도 모른다.

서울의 환경은 분명 아이에게 다양한 자극과 기회를

줄 수 있다. 높은 기준과 빠른 속도 속에서 목표를 향해 달려가는 법을 배우고, 때론 자신감을 키우기도 한다. 하지만 그 속도가 늘 건강한 것은 아니다. 과도한 경쟁, 끝없는 비교, 그리고 아이의 마음 깊은 곳에서 차오르는 스트레스는 결국 우리가 눈치채지 못하는 사이 자존감을 깎아내릴 수 있다. 서울에 산다고 해서 시야가 무조건 넓어지는 것도 아니다. 공부 외에도 우리가 인생에서 경험해야 할 것들은 너무도 많으니까.

사람들이 서울을 택하는 또 하나의 이유는 '문화의 중심'이기 때문이다. 물론, 다양한 전시와 공연, 예술과 행사를 서울에선 손쉽게 접할 수 있다. 하지만, 그렇다고 지방에 문화가 없는 건 아니다. 지방의 많은 부모들은 아이를 위해 시간과 노력을 아낌없이 투자한다. 교육, 체험, 문화 등 그 모든 것을 위해 발품을 팔며 아이의 세계를 넓혀주고 있다. 그건 지역의 문제가 아니라 부모의 마음과 태도의 문제다. 오히려 요즘엔 서울의 부모들이 지방에서 열리는 독특하고 매력적인 문화 체험을 위해 아이와 함께 떠나기도 한다. 역사 박람회, 전통놀이 체험, 생태 교육 등 다양한 프로그램들이 전국 곳곳에서 열리고 있고 그 체험들은, 아이들의 기억에 남는 오래된 감동을 만든다.

그런데 말이다. 우리가 정말 중요하게 여겨야 할 건 그런 특별한 이벤트가 아니라 매일 반복되는 일상이다. 아이들이 하루하루를 어떻게 보내는가, 그 일상에서 무엇을 배우는가, 그 작은 흐름이 쌓여 한 사람의 내면을 결정짓는다. "서울이라 가능하다"는 말은, 어쩌면 생각보다 허술한 논리일지도 모른다. 차라리 서울의 비싼 집을 자식에게 물려주겠다는 말이 더 설득력 있게 들릴 때도 있다. 물론 그 집이, 은행의 집이 아니라 정말 '내 집'이라면 말이다.

Part 4.

지방이 준 확신

Chapter 1
수도권 중심 사고에서 벗어나기

시대가 변했고,
세상은 달라지고 있다

#시대의 주요 소비자이자 노동자 MZ

MZ세대, 즉 밀레니얼 세대(1981~1996)와 Z세대(1997~2012)는 이제 사회와 경제를 이끌어가는 주요 소비자이자 노동자가 되었다. 그들의 가치관과 라이프스타일은 단순한 '개인의 특성'을 넘어서 사회 전체에 점점 더 큰 영향을 끼치고 있다. 나 역시 MZ세대에 속한다. 하지만 사회생활을 하면서 내가 속한 세대의 경계가 점점 애매해진다는 느낌을 받곤 했다. 처음엔 몰랐다. 사회 초년생일 땐 그저 따라야 했고, 경력이 쌓이고 직급이 생기자 당연한 듯 나도 누군가의 '윗사람'이 되었다. 그리고 그때부터 신입 직원들에 대한 이해가 점점 줄어들었다. 1년도 채우지 못하고 퇴사하는 이들을 보며 "요즘 애들은 진짜 왜 저럴까." 그 말을 속으로 몇 번이나 되뇌었는지 모른다. 결국 시간이 흐르고, 퇴사하면서 남긴 그들의 이야기를 듣고 나서야 알았다. 그들이 회사를 바라보는 눈이 나보다 훨씬 객관적이었다는 걸. 그들의 선택은 무책임함이 아니라 현실을 정확히 인식한 결과였다. 되려 나는, 그들의 이야기를 듣지 않았고, 끝까지 받아들이지 못했던 조직의 일원이었음을 깨달았다. 창피했다. 정말 많이.

SNS만 봐도 MZ세대를 비난하는 글은 넘쳐난다. 특히 조직 안에서 그들이 기존의 관행을 바꾸려 하거나 사생활과 업무의 경계를 두면 하면 그건 '이기적인 태도'로 묘사된다. 하지만 그건, 선진국에서는 너무나도 당연하게 받아들여지는 노동 문화를 추구하는 것일 뿐이다. 누구나 다 다르다. MZ도, 기성세대도, Z세대도 그 안엔 다양한 성향과 가치관이 있다. 우리는 너무도 쉽게 한 세대를 타이틀 하나로 묶어 비판해 버린다. 왜일까. 아마도 그들이 목소리를 내기 시작했기 때문 아닐까. 기성세대가 바라기만 했던 변화를 그들은 행동으로 옮기고 있으니까. 그러니, 그들을 비난하기 전에 우리는 이렇게 물어야 한다. "우리는 그들에게 어떤 사회를 물려주었는가?" 요즘 청년들이 비판받는 건 그들이 잘못해서가 아니다. 제대로 된 사회생활을 배우지 못했기 때문이고, 줄 세우고, 점수 매기고, 평가에만 익숙한 환경 속에서 진짜 '사람'으로 인정받은 경험이 부족했기 때문이다. 그런데도 우리는 "왜 애들이 이 모양이야"라는 말부터 뱉는다. 서울이라는 포화한 공간에 그들이 몰려드는 것도, 그들만의 책임은 아니다. 자연스럽게 집중된 게 아니다. 그곳 말고는 답이 없다고 느껴지는 사회가 그들을 몰아넣은 것이다. "요즘 애들 왜 저래?" 그 말은 인제 그만 접어두자. 그들에게는 죄가 없다. 오히려, 그들을 있는 그대로 마주하고 품는 것, 그게 지금 우리 세대가 할 수 있는 '어른의 역할'이다.

#변화는 우리에게 시간마저 가져다주었다

시대가 변하며 우리는 많은 것을 얻었다. 대표적으로, 일상이 놀라울 만큼 편리해졌다. 이제는 택시를 부르기 위해 길가에서 발을 동동 구르지 않아도 된다. 대부분의 서비스가 예약제로 바뀌며 기다리는 시간은 줄었고, TV 프로그램은 더 이상 정해진 시간에 맞춰 보지 않아도 된다. 보고 싶은 순간, 원하는 장면만 쏙 골라볼 수 있는 시대.

음식 재료는 핸드폰으로 장을 보고, 레시피는 그때그때 확인해 가며 바로 요리에 들어간다. 이 모든 건 단순한 편리를 넘어서, 우리가 미처 확보하지 못했던 여유 시간을 다시 돌려받는 과정이기도 하다. 물론 얻은 게 있다면 잃은 것도 있다. 높아지는 기술 의존도, 점점 줄어드는 대면 관계, 프라이버시 침해, 그리고 과도한 스마트 기기 사용으로 인한 건강 문제들까지.

삶이란 얻음과 잃음이 늘 공존하는 일이다. 시간이든 감정이든, 장소든 관계든. 삶은 늘 그렇게 균형을 맞춰가며 흘러간다. 그런데도, 기술 덕분에 우리가 조금이나마 확보할 수 있었던 '단축된 여유 시간'은 절대 가볍게 볼 수 없다. 하루 중 나를 위한 시간이, 짧게나마 존재할 수 있게 해주니까. 그리고 만약 이 여유에 지방에서의 여유로운 삶까지 더해진다면, 그건 더 큰 회복이고, 더 나은 삶의 질로 이어질 수 있다.

우리는 보통 9 to 6이라는 근무시간만으로도 하루 깨어 있는 시간의 60% 이상을 노동에 소비한다. 거기에 가혹한 출퇴근 시간까지 얹힌다면, 사실상 평일에 나를 위한 시간은 기대하기조차 어렵다. 그나마 지금, 기술의 발전으로 단축된 시간 덕분에 우리는 숨을 돌릴 수 있는 틈을 갖게 된 것이다. 생각해 보면, 이런 작은 틈조차 없이 묵묵히 하루하루를 견뎌온 그 시절의 부모님들이 대단하게 느껴질 뿐이다. 지금 우리에게 주어진 여유를 단순히 편리함으로 소비하지 않고, 어떻게 더 나답게, 의미 있게 보낼 수 있을지 고민해 봐야 하는 이유는, 바로 그분들이 그런 시간을 견뎌낸 덕분에 우리가 이 시간을 누리고 있기 때문이다.

#이제, 정말 믿을 건 나 자신밖에 없다

돈을 버는 방식도, 평생직장이라는 개념도 사라진 지금. 이제 정말 믿을 건 나 자신밖에 없다. 안정적인 직장에 들어가기 위한 주입식 공부보다, 앞으로 더 중요해질 것은 디지털 격차를 줄이는 교육, 그리고 경제적 자립에 대한 감각일지도 모른다. 예산 관리, 투자, 저축처럼 실생활에 밀접한 경제 상식. 자기 책임과 자립의 중요성을 어릴 때부터 배울 수 있다면, 그건 앞으로 어떤 위기 속에서도 나를 지킬 수 있는 '근육'이 되어줄 것이다. 어릴 적 컴퓨터 의무 교육이 지금의 우리에게 큰 도움이 되었던 것처럼 말이다.

AI는 이미 수많은 분야에서 인간의 능력을 넘어섰다. 특히 데이터 분석, 패턴 인식, 예측 모델링 같은 영역에 인간의 계산보다 훨씬 빠르고 정확하다. 이제 멈춰 있는 사람은 AI에 지배당할 수밖에 없는 시대. 그 안에서 안정적인 직업을 찾는다는 건, 시간이 갈수록 더 어려운 일이 될 것이다. 반복적인 일은 점점 자동화되고, 그 자리에 남는 건 창의성과 문제해결력이다. 이건 공부로 주입되는 능력이 아니라, 끊임없이 생각하고 부딪혀 보며 길러지는 것들이다.

만약 회사에 다닌다면 다니는 동안 최선을 다해야 한다. 하지만 절대적으로 믿어선 안 된다. 회사는 언제나 직원의 '성장'보다 '이익'을 먼저 생각하는 구조다. 회사와 나의 방향이 일치해 보일지라도, 그것은 언제든 경영진의 판단에 따라 달라질 수 있다. 내가 지금 일하고 있는 곳이 정말 내 시간을 갈아 넣을 만큼 가치 있는 곳인지, 성장은 느려도 함께 커나갈 가능성이 있는 회사인지 가끔은 차분하게 물어봐야 한다. 겉으로 보이는 비전과 미션은 멋질지 몰라도, 진짜 그 길로 나아가고 있는지는 그건 그 속에 속해 있는 자신이 가장 정확히 알고 있다.

입사든 퇴사든, 결국 중요한 건 스스로 내리는 결정이다. 인생은 이미 출발했다. 어느 곳을 경유할지, 그 경유지에서 어떤 시간을 보낼지가 결국 나의 도착지를 바꿔놓는다. 시작과 끝은 늘 존재한다. 그 사실은 설레지만, 또한 보이지 않기에 두렵기도 하다. 하지만 하나는 분명하다. 세상에서 믿을 건 나 자신뿐이며, 세상에서 가장 소중한 것도 결국 나 자신이다. 내 삶이 끝나는 순간, 지금 당장 눈부시게 반짝이는 것들은 아무런 의미가 없어진다. 그러니, 지금 나를 가장 잘 아는 사람인 내가, 나를 믿고 걸어야 한다.

나만의 중심을 세우는 작은 실천

To Do 리스트

☐ 하루 한 가지, 나를 위해 선택한다.

☐ 남의 기준보다 내 마음의 목소리를 듣는다.

☐ 작은 변화라도 직접 만든다.

"그리고 나는 어디에서 가장 나답게 살 수 있을까?"

Chapter 2
'지금 이대로도 괜찮다'는 말

지속 가능한 생활

#유한적 기다림, 무한적 기다림

우리는 늘 기다림과 함께 살아간다. 입학과 졸업, 제대, 주말, 혹은 아직 만나지 못한 인연까지. 그 기다림의 끝에 다가오는 새로움은 언제나 희망이다. 목표가 명확하고, 그 과정이 투명하게 드러나는 유한한 기다림은 견딜만하다. 결국 도달할 수 있다는 확신이 있기 때문이다. 하지만 끝이 어딘지조차 보이지 않는 불분명한 기다림, 즉 무한적 기다림은 늘 불안을 동반한다. 그리고 그 불안은 생각보다 더 많은 스트레스를 안긴다. 그래서 우리는 그 기다림을 견딜 만하게 만들기 위해 작은 목표를 설정하고, 작은 성취를 이루며 버틴다. 자기 계발을 하거나, 현재에 더 집중하려는 이유도 결국은 기다림을 견디는 법을 배우는 과정일 테니까.

세상을 살다 보면 많은 문제들이 쉽게 해결되지 않는다. 그 과정에서 우리는 '인내'라는 단단한 성장을 배운다. 인구 소멸과 수도권 집중 현상 역시 마찬가지다. 이 문제는 하루이틀의 일이 아니라, 앞으로도 오랜 시간에 걸쳐 지속적인 관심과 노력이 필요한 장기적인 과제다. 다행인 건, 우리만의 문제가 아니라는 사실이다. 이미 많은 나라들이 같은 문제를 겪었고, 또 해결하고자 애써왔으며 그로 인해 우리는 더 늦기 전에 방향을 잡아야 한다는 사실을 인지했다. 더 이상 손 놓고 기다릴 수만은 없다는걸, 이젠 우리 모두가 안다. 지금, 우리는 '균형'을 지키기 위해 부단히 노력하고 있다.

우리는 안다. 매일의 작은 선택이 장기적인 환경 보호나 사회적 가치에 기여한다는 사실을. 그리고 그런 믿음이 우리를 움직이게 한다. 에너지 소비, 자원 사용, 재생할 수 있는 에너지 전환, 재활용 프로그램 구축까지. 이 모든 건 명확한 목표와 실천이 함께하는 '유한한 기다림'이기에 가능한 일이다.

이처럼 유한적 기다림과 무한적 기다림은 우리 인생에서 끊임없이 교차한다. 그리고 우리는 결국, '무한적 기다림'이라 할 수 있는 인생 전체를 조금씩 배우고 살아내는 중이다. 현재가 행복하지 않다면, 그 기다림은 버겁고 지칠 수밖에 없다. 행복을 나중으로 미루는 삶은 오래갈 수 없다. 내가 이 책을 쓰는 이유도, 그 기다림 속에서 지금을 행복하게 만들고 싶기 때문이다. 이 멋지고 따뜻한 사람들이 살아가는 이 나라, 대한민국. 그 안에서 우리는 앞으로도 희망이 있는 사회를 꿈꾼다. 그건 어쩌면, 나의 아주 조용하고 긴 무한적 기다림일지도 모르겠다. 그럼에도 나는 그 기다림을 기꺼이 받아들이려 한다. 그리고 이 기다림이 언젠가 누군가에게도 따뜻한 희망으로 닿기를 바란다.

#될 때까지 해도 안 되는 건 안 된다

'될 때까지 해봐.' 누군가는 이 말을 동기부여의 문장으로 여기고, 누군가는 그 말이 독이 되어 무너져 내린다. 모든 사람이 될 때까지 노력해서 원하는 목적지에 닿을 수 있다면 세상은 얼마나 평화롭고 공정할까. 하지만 경쟁이 존재한다는 것 자체가 결국 자원이 한정되어 있다는 뜻 아닐까. 누군가는 성공하고, 누군가는 실패한다는 전제가 깔린 말. '될 때까지 해.' 이 말의 진짜 의미는, 최선을 다했기에 비록 실패하더라도 그 과정에서 얻은 교훈을 토대로 다시 일어설 수 있다는 걸 말해주는 것이길 바란다. 후회하지 않을 정도로 최선을 다했다면 포기하면 뭐 어떤가.

포기는 때로 더 나은 시작의 문이 되기도 한다. 머물러 있던 자리에서 벗어나 더 넓은 가능성을 마주하게 해주는 용기의 또 다른 이름일지도 모른다. 수년간 임용 시험을 준비하다 결국 포기하고 회사에 들어가 완전히 다른 길에서 만족을 느끼는 사람들. 연기를 평생의 꿈으로 품고 도전했지만, 수많은 실패 끝에 창업에 성공한 사람들. 그들은 자신의 꿈을 포기한 실패자가 아니다. 오히려, 자신의 '지금'과 '현실'을 가장 치열하게 고민하고 다른 방향으로 더 나은 선택을 해낸 사람들이다.

모든 꿈이 이루어지지 않듯이, 어떤 꿈은, 생각보다 멀지 않은 곳에서 모양만 달리 피어나기도 한다. 최선을 다한 이에게 포기는 부정이 아니다. 새로운 도전을 위한 전환일 뿐이다. 지금의 내 일상이 앞으로 얼마나 지속 가능할 수 있을지를 진지하게 들여다보는 것, 그것만으로도 방향을 바꾸는 이유가 된다.

나 역시 그랬다. 회사를 그만둔 이유는 복잡하고 거창한 것이 아니었다. 지속 가능성의 문제였다. 날이 갈수록 화가 늘었고, 어느 날은 신경질적인 말투가 나조차 낯설게 느껴졌다. 대부분의 날을 부정적인 말로 채워나갔다. 그런 날들이 반복되는 게, 싫었다. 그렇게는 살 수 없었다. 회사를 박차고 나온 뒤에야 그 모든 불행이 결국 내 마음에서 비롯되었음을 깨달았다. 그리고 비로소, 그때부터 내가 나를 돌보기 시작했다.

가끔은 이런 생각도 해본다. 지금의 마인드로, 다시 회사로 돌아간다면 더 나은 회사 생활을 할 수 있었을까? 하지만, 그건 중요하지 않다. 할 만큼 했기에 미련이 없다. 그 시간을 통과했기에 지금의 내가 있는 것이고, 그 시간조차 지금의 나에게 필요했던 일부였다. 강의 자료를 만들고, 마음이 담긴 글을 쓰고, 오피스텔 한편에서 작은 키보드 소리와 함께 보내는 지금. 그리고 그 곁에서 가끔 심술을 부리는 고양이. 지금 이 대전에서의 시간이, 내 삶이 나는 참 좋다.

#잘못된 행복의 기준

그동안 내 행복의 기준은 늘 가족이었다. 오랜 시간 자식들을 위해 애써온 부모님에게 조금이라도 보탬이 되고 싶었다. '자랑스러운 딸'이라는 말을 듣고 싶었다. 그러다 보니 내 행복보다는 가족의 안위와 감정에 더 민감하게 반응했다. 멀리 떨어져 지내며 통화로 안부를 전할 때, 어머니의 목소리가 조금만 가라앉아도 나는 괜스레 불안해졌고, 바쁜 일상에 치이면 그 감정은 쉽게 짜증과 신경질로 변했다. "나도 바쁜데, 왜 내 마음을 몰라주는 거야." 말로는 하지 않았지만, 속으로는 수없이 되뇌었던 말이었다. 하지만, 그런 날들이 쌓일수록 나는 더 지치고, 가족 또한 함께 지쳐갔다. 분명히, 행복의 기준이 잘못된 것이었다.

지금은 다르다. 글을 쓰며 생각이 달라졌다. 행복의 기준은 '나'에게 있어야 한다는 걸 조금씩, 아주 또렷하게 깨달았다. 그걸 깨달은 순간, 놀랍게도 관계가 변했다. 가족이 변했다. 서운함 대신 감사가 생겼고 무심한 말투 대신 웃음이 늘었다. 통화 버튼을 한 번 누르면 긴 시간 동안 서로의 마음을 고스란히 나눈다. 이제야 알겠다. 내가 행복해야 부모님도 행복하다는 것. 내가 불행하면, 그 불행은 고스란히 부모님의 삶에 스며든다는 것을. 그때는 미처 몰랐던 사실이 지금은 너무도 분명하게 다가온다. 하지만 그 시간을 후회하지는 않는다. 그 시간 또한 우리 가족에게 꼭 필요한 성장의 과정이었고, 무엇보다도 더 늦기 전에 깨달았다는 것이 얼마나 다행스러운 일인가.

행복의 기준을 외부에서 찾는 일은 생각보다 흔하다.

가장으로서, 부모로서, 자식으로서 무언가를 책임지고 감내하는 것이 우선이 되는 삶을 산다. 하지만, 나 자신이 행복하지 않으면 가족도 온전히 행복할 수 없다. 불행은 전염성이 강하다. 아무리 숨기려 해도 어느 순간, 뜻밖의 순간에 화산처럼 뿜어져 나오고 만다. 서울의 삶을 선택한 누군가에게도 이 질문을 던지고 싶다. "당신의 행복의 기준은 누구인가요?" 만약 자신이 아니라 가족이라는 단어가 먼저 생각 난다면, 함께 행복한 삶이라는 진정한 의미가 조금은 멀리 있을지도 모르겠다.

결국 기회는
어디에나 존재한다

#남에겐 선역, 나에겐 악역

어느 날부터인가 드라마 속 악역을 보면서 욕하지 않게 되었다. 현실이 더 드라마 같다는 말을 살면서 점점 실감하게 된다. 어쩌면 나이가 들어가며 인간의 복잡성을 조금씩 이해하게 된 걸지도 모르겠다. 우리의 행동은 그저 선과 악, 좋음과 나쁨으로 깔끔하게 나뉘지 않는다. 현실에서 마주치는 사람들은 각자의 사연과 상처를 품고 살아간다. 그들의 말과 행동에는 보이지 않는 배경과 동기가 얽혀 있고, 때때로 우리는 선역이 되기도, 또 어떤 날엔 악역이 되기도 한다.

타인이 나를 악역으로 기억하는 일. 사실 그건 어쩔 수 없는 문제다. 그것이 오해든, 단면만 본 판단이든 이미 박힌 인식을 되돌리긴 어렵다. 하지만, 자기 자신에게 악역이 된다는 건 차원이 다른 고통이다. 과거의 선택을 후회하고, 그때의 나에게 실망하고, 결국 내가 원하는 나 자신이 되지 못했다는 자책. 그 감정은 자기비판을 넘어, 종종 자기혐오로 이어지기도 한다. 또한 우리는 타인의 시선에 악역으로 비치지 않기 위해 매 순간을 필요 이상으로 조심스럽게 살아간다. 그러면서 정작 자신에겐 무섭도록 차갑고, 가혹하다. 타인의 기대에는 부응하려 애쓰면서도 내 기대에 부응하지 못한 나에게는 단 한 번의 변명도, 용서도 허락하지 않는다. 이처럼 스스로를 악역으로 내모는 아이러니한 상황들. 그 속에서 상처받는 건 결국 나 자신이다.

가장 돌봐야 할 사람은 바로 나 자신이라는 사실을 우리는 자꾸만 잊고 살아간다. 자신의 마음을 다독이고, 실망한 나를 일으켜 세우며, 내 안의 갈등과 화해하려는 노력. 그것이야말로 세상 누구보다 나를 선하게 만드는 시작점이다. 스스로에게 선한 사람만이, 세상에도 따뜻한 시선을 보낼 수 있다. 그러니 남보다 먼저 자기 자신에게 의로운 선역이 되어주자. 그 내면에서 시작된 작은 변화는 삶 전체를 바꾸는 근원이 되어줄 것이다. 그러기 위해서 우선, 나부터가 행복해져야 한다.

#준비는 정적인 상태가 아니야

"준비된 자에게 기회는 무한하다." 이 말을, 사실 나는 온전히 동의하지 않는다. 기회는 단지 준비만으로 찾아오지 않는다. 그건 누군가가 던져주는 '선물'이 아니라 스스로 끊임없이 찾아 나서야 하는 '탐색'에 가깝다는걸, 나는 지금의 삶에서 매일 실감하고 있다. 직장인으로 지내던 시절의 나. 그때의 나는 확실히 정체되어 있었다. 좁은 시야 안에서, 불편함 속에서 뭔가를 배우려는 마음도, 변화하려는 노력도 없이 단지 시간이 지나며 자연스럽게 쌓여가는 경력이 전부라고 믿었다. 불만은 많았고, 신세 한탄은 습관이 되었지만, 변화를 위한 행동은 하지 않았다. 그래도 경력이라는 단어 하나가 내 존재를 대신 설명해 줄 거라 믿었으니까.

하지만 지금, 프리랜서로 살아가며 모든 걸 혼자 결정하고 모든 걸 스스로 감당해야 하는 이 삶 속에서 나는 준비란 정적인 상태가 아니라, 지속적이고 유동적인 과정이라는 걸 절실히 깨달았다. 울타리가 사라진 지금, 나는 매일 새로운 기술을 배우고, 기존의 능력을 다듬고, 내가 놓치고 있던 생각들을 수집하며 끊임없이 준비 중이다. 가만히 있는 건 준비가 아니라, 변화가 먼저 오기만을 바라는 수동적 기다림일 뿐이다. 그리고 나는 지방에 산다는 것 자체가 도태된 삶이라는 말을 싫어한다. 오히려 글을 쓰고, 생각을 나누고, 목소리를 내는 지금의 삶은 내게 더 넓은 세계를 보여주고 있다. 직접 겪어보지 않고선 함부로 단정지을 수 없는 세계가 있다. 지방이라는 단어에 덧씌워진 편견을 내 글이 조금씩 덜어낼 수 있기를 바란다.

나는 사람들에게 "매사에 긍정적으로 살아가라"고 말하지 않는다. 나조차도 그렇게 살아가지 못할 때가 많기 때문이다. 사람은 매 순간 긍정적일 수 없는 동물이다. 때론 지치고, 때론 주저앉기도 하니까. 하지만, 기회는 생각보다 더 다양한 모습으로, 더 다양한 곳에 존재한다는 사실만큼은 끊임없이 말하고 싶다. 우리의 시각이 넓어질수록 우리가 만날 수 있는 가능성 역시 더 풍부해진다. 조금 더 유연하게, 조금 더 개방적으로, 매사에 긍정적일 순 없어도 삶의 균형을 찾아가자. 그리고 자신을 비현실적인 기준에 맞추려 애쓰기보다, 삶의 다양한 면을 받아들이며 조금 더 건강한 삶을 선택하자. 지금의 나처럼, 준비는 계속되어야 하니까.

#개인의 자유인가, 현실 도피인가

지방 소멸의 이유 중 하나는 당연히 저출산 문제다. 그 영향은 직접적이며, 꽤 깊다. 물론, 출산 여부는 개인의 선택이고 자신의의 가치관이나 자유를 위한 결정이라면 우리는 그들의 선택을 존중해야 한다. 하지만 나를 위한 결정이 아니라, 사회적·경제적 혹은 구조적인 문제로 인해 출산을 피하는 상황이라면 얘기가 달라진다. 그건 개인의 문제가 아니라, 정책과 시스템이 제 역할을 하지 못하고 있다는 증거이기 때문이다. 수도권에 인구 절반이 몰려 있다지만 서울의 내국인 비율과 출산율은 오히려 계속해서 하락 중이다. 그 빈자리를 외국인들이 채우고 있다는 사실은, 서울살이가 더는 이상적인 미래가 아님을 보여준다.

높은 교육비, 육아 부담, 경력 단절, 그리고 무엇보다 경제적 압박은 더 이상 출산을 선택할 수 없게 만든다. 이건 '자유'가 아니라, 강요된 포기다. 주택은 우리에게 쉴 수 있는 공간이어야 한다. 하지만 지금, 주택은 투자와 자산의 대상이 되었고 '영끌'이라는 단어는 누구나 알 만큼 당연해진 현상이다. 그런 주거 현실에서 어떻게 아이를 낳고, 키우고, 미래를 꿈꿀 수 있을까. 서울의 미혼율이 전국 최고 수준인 게 과연 우연일까. 그건 우연이 아니다. 너무나도 벅찬 삶에 누군가를 만나고, 사랑하고, 가족을 이루는 일조차 사치가 된 것이다.

나는 말하고 싶다. 서울에서의 삶을 내려놓고, 지방을 선택하는 건 도피가 아니다. 그건 더 나은 삶을 개척하기 위한, 지극히 주체적인 선택이다. 반대로 지방을 떠나 서울로 향하는 것 또한 마찬가지다. 그건 더 넓은 가능성을 위한 선택일 뿐이다. 중요한 건 방향이 아니라, 그 안에 '행복'이 있느냐는 것. 나는 분수에 맞지 않는 서울에서의 허덕이는 삶 대신, 지방에서 단단하고 매력적인 삶을 선택했다. 그리고, 이 선택이야말로 나에게 진짜 자유를 주고 있다. 이 모든 변화는 결국 '어디에서'가 아니라 '어떻게 살아갈 것인가'에 대한 질문에서 시작된 것이었다.

Chapter 3
혼자가 아닌 방식으로 사는 법

눈으로 자연을 본다는 것

#우리가 떠나는 이유

많은 이들이 여행을 떠난다. 그 이유는 저마다 다르지만, 어디를 가든 빠지지 않는 중요한 일정이 있다. 바로, 그 지역의 관광지와 자연 풍경을 감상하는 시간이다. 자연이 선사하는 그 풍경. 그리고 그 풍경을 바라보는 우리의 눈빛. 그보다 멋진 여행이 있을까.

지겨워도 매일 마주해야 하는 높은 건물들, 빽빽하게

늘어선 자동차 행렬, 필요에 의해 만들어진 전자기기들과 그 속의 수많은 세상. 이제는 이 모든 것들이 너무나 당연한 일상이 되어버렸다. 예쁜 꽃, 바다, 단풍 구경도 이젠 언제 어디서든 영상으로 감상할 수 있는 시대. 개기일식, 유성우 같은 우주쇼조차 유튜브로 생중계되니까. 나도 그랬다. 몇 해 전, 레드문이 뜬다고 예고된 날 회식 자리에서 유튜브를 켰다. 하늘이 아닌, 핸드폰 속에서 달을 찾았다. 그게 무슨 의미였을까. 그렇게라도 보고 싶었던 걸까.

자연과 인간은 공존해야 한다는 걸 잘 알면서도 우리는 자꾸만 자연과 멀어지는 느낌을 지울 수 없다. 하지만, 자연은 언제나 제자리에서 우리를 기다린다. 그 안에 들어서면, 말로 설명할 수 없는 편안함이 조용히 우리 안에 스며든다. 실제로 자연 속에서 보내는 시간은 스트레스를 줄이고, 창의성을 자극하며, 정신 건강에 깊은 영향을 준다. 우리는 본능적으로 그것을 알고 있다. 그래서, 끊임없이 자연을 찾아 떠나는 것인지도 모른다.

#MZ세대들이 열광하는 촌캉스

어느 날 문득, 이런 생각이 들었다. "와, 내가 출퇴근하면서 하늘을 바라본 적이 언제였지?" 일에 치여 살다 보니 매일 같이 우리에게 선물처럼 주어지는 하늘의 풍경조차 당연한 것으로 여긴 채 한동안 잊고 살았던 것 같다. 우리는 대부분 콘크리트 건물 안에 갇혀 일하고, 먹고, 자고, 그렇게 하루를 보내는 삶에 익숙해져 있다. 그게 당연한 줄 알았다. 그러다 시골 한편에 위치한 부모님 댁에 가면 비로소 깨닫게 된다. 쏟아질 듯 펼쳐진 별들, 차를 타고 달리며 마주하는 수많은 산과 농지. 도시와는 또 다른 풍경. 이상하게도, 그 낯선 풍경이 오히려 더 편안하다.

요즘 젊은 세대 사이에선 '촌캉스'라는 여행이 유행하고 있다. 시골에서 즐기는 바캉스. 북적이는 도시의 일상에 지친 이들이 한적하고 평화로운 농어촌의 삶에서 위로를 얻고 있다. '삼시세끼', '언니네 산지 직송' 같은 방송들이 꾸준한 사랑을 받는 이유도, 어쩌면 여기에 있는지도 모르겠다. 그 속의 삶은 건강하고, 단순하고, 평화롭다. 촌캉스는 단순한 여행이 아니다. 그건 새로운 라이프스타일로의 잠깐의 초대장이기도 하다. 그 삶이 좋아 보인다는 건, 결국 조금은 지쳐있다는 방증일 테니까.

    자연을 갈망하는 건, 본능이다. 그래서 캠핑 열풍은 여전히 이어지고 있고, 사람들은 도시를 떠나 자연으로 스며든다. 도시에서의 삶은 어쩌면 자연과의 단절이다. 촌캉스는 그 끊어진 관계를 다시 잇는 경험이다. 젊은 세대들이 이러한 여행을 통해 '성공'의 정의를 다시 써 내려가길 바란다. 더 이상 큰 집이나 고급 차가 아닌, 웰빙과 충만함이 삶의 중심이 되기를. 휴식에만 그치지 않는 여행. 그 지역의 생활 방식을 배우고, 지역 농산물을 소비하고, 에너지를 아끼고, 사람들과 인사를 나누는 것. 느린 시간이 주는 행복을, 더 많은 이들이 직접 경험해보길 바란다. 이와 함께, 지자체에선 그런 공간들을 나누고, 개발하고, 독려해야 할 것이다.

#인공적인 자연에 적응해 나가는 우리

인간은 오래전부터 도시와 자연 사이에서 균형을 찾으려는 노력을 끊임없이 해왔다. 도시 한가운데 공원을 만들고, 가로수길을 조성하고, 도시 정원과 생태공원, 인공 연못을 세우며 차량 통행을 줄이고 보행자 전용 도로와 자전거길을 넓히고 있는 이유. 그건 단지 도시의 '미관'을 위한 게 아니다. 시민들에게 '숨 쉴 틈'을 주기 위한 노력이다. 혹은 자연과 가까워지고 싶다는, 인간의 본능적인 갈망에서 비롯된 선택이기도 하다.

다행히 대한민국 국토의 64%는 산림이다. 절반 이상이 산이라는 뜻. 이건 대한민국이 생태적으로 굉장한 잠재력을 가진 나라라는 증거이기도 하다. 그런데 아이러니하게도, 우리는 지금 자연 그 자체보다 인간이 만들어낸 인공적인 자연에 더 가까워지고 있다. 도심 한복판의 정원, 유리 온실 속 식물들, 도시공원의 인공 연못. 이 모든 인공 자연은 우리가 자연과의 연결을 유지하고 싶어 한다는 증거다. 물론, 그 자체만으로도 의미는 있다. 인공 자연은 자연의

'대체품'이라기보다는, 도시와 자연이 공존할 수 있는 하나의 방식, 하나의 접점이 되어주고 있다. 그럼에도 우리는 진짜 자연을 마주해야 한다. 단지 풍경을 보는 것에 그치지 말고, 자연의 소리를 듣고, 자연의 냄새를 맡고, 바람을 피부로 느끼고, 흙 위를 발로 디뎌 걸어보자. 그저 '자연을 보았다'는 것만으로는 충분하지 않다.

교통 소음, 화학물질, 미세먼지, 전자파와 도시의 빛. 이 모든 것들에 매일매일 노출되어 살고 있는 우리가, 짧디짧은 인생을 살아가며 스스로를 '자연의 일부'라 말할 수 있을까. 그래서 더더욱, 우리에겐 자연의 색과 소리, 온도와 향기가 필요하다. 회색빛 건물보다는 초록빛 풍경을, 분주한 소음보다는 나무 잎사귀 사이로 스미는 바람 소리를. 자연이 우리를 감싸주던 기억을 우리의 일상 안에 조금은 더 자주, 가까이 들여놓을 수 있길 바란다.

농촌에서 한번 살아보실래요?

#새집 줄게 헌 집 다오

지방을 떠나는 사람들이 늘어나며 빈집이 증가하고 있다. 그리고 이 '빈집'이라는 문제를 창의적인 방식으로 해결해 나가고 있는 스타트업이 있다. 바로, '다자요'라는 이름의 기업이다. 다자요는 지방에 있는 빈집을 10년 동안 무상 임대한 뒤, 현대식으로 리모델링해 숙박업에 활용한다. 그리고 계약 기간이 끝나면 리모델링된 집을 집주인에게 돌려주는 구조. 철거되었을 수도 있는 낡은 집들이, 새로운 숨결을 품은 숙소로 재탄생하는 것이다. 또한 수많은 규제 속에서도 '규제 샌드박스 실증 특례' 자격을 얻어 사업 모델을 유지하고 있다.

다자요의 남성준 대표는 이렇게 말한다. "지방에 존재하는 수많은 빈집은 단순한 쓰레기가 아닙니다. 좋은 스토리를 담은, 충분히 활용할 수 있는 자원이 될 수 있어요." 실제로 철거 대상이었던 빈집들이 멋진 숙소로 재탄생하면서 동네 분위기가 바뀌었고, 주민들의 반응도 긍정적이었다. 또한, 숙박업 운영에 필요한 청소, 세탁, 조경 등 관리 인력을 지역 주민으로 고용한다. 자연스레 지역 내 일자리 창출로 이어진다. 숙소 매출의 1.5%는 해당 마을에 기부하고, 숙소에 비치된 음료와 간식은 그 지역의 중소기업 제품으로 채운다. 이 작은 스타트업 하나가 빈집 재생, 지역 경제 활성화, 고용 창출까지 복합적인 효과를 만들어내고 있다.

하지만 현실은 녹록지 않다. 2019년, "현행법을 어겼다"는 민원이 제기되며 1년 넘게 영업 중단이라는 위기를 겪었다. 농어촌 민박은 원칙상 '주인이 거주하는 집에서만 가능'하다는 규정 탓에, 불법 숙소로 낙인찍히기도 했다. 그런데도, 남 대표는 묵묵히 자신의 길을 간다. 그리고 이렇게 말한다. "스타트업이 잘 돼야 지역 청년들에게도 새로운 롤모델이 생겨요. 아직도 지방에선 공공기관 다니는 선배나 자영업 하는 사장님이 롤모델이잖아요." 맞는 말이다. 지자체가 대기업 유치를 원하고, 대형 투자를 반기는 이유는 '한 방'이 필요해서다. 하지만, 조용히 뿌리내리는 작은 기업들이 지속적으로 지역에 활기를 불어넣는 역할을 할 수 있다는걸, 우리는 자주 잊는다.

정부는 이러한 기업에 대한 지원을 아끼지 말아야 한다. 이들은 단순히 수익을 추구하는 것이 아니라 지방의 문제를 함께 고민하고 해결하려는 의지를 갖추고 있으니까. 빈집의 수는 앞으로 계속 증가할 것이다. 도시에 지친 이들은 언젠가는 자연과 쉼을 갈망할 것이고, 그들에게 필요한 것은 새로 지은 고급 리조트가 아닌, 조금 낡았지만, 따뜻한 이야기가 깃든 집일지도 모른다. 빈집을 그냥 철거해 버리는 것보다 버려진 자원을 탈바꿈시키는 것. 도시가 버린 집을, 새로운 의미로 되살리는 것. 지금 우리에게 필요한 건 그런 인식의 전환이다.

#농촌에서 살아보기 체험이 있다고?

농촌의 삶을 꿈꾸는 이들이 있다. 하지만 막상, 모든 걸 내려놓고 떠나는 건 말처럼 쉽지 않다. '마음은 이미 시골에 있는데 몸은 아직 도시를 벗어나지 못한 사람들'. 그들을 위해 다양한 지자체에서, 직접 살아보는 기회를 제공하고 있다. 농촌에서 일정 기간 무료로 머물며 그곳의 삶을 체험해 보는 프로그램들. '귀농형', '귀촌형', '프로그램 참여형' 등으로 다양하게 나뉘어 있으며, 지역 주민들과의 교류는 물론 실제 정착을 고려해 볼 수 있는 충분한 시간과 기회를 제공한다. 지자체에 따라 체험 비용까지 지급되며, '그린대로'라는 통합 홈페이지를 통해 체험 신청 및 관련 정보를 확인할 수 있다.

그중, '시골 언니 프로젝트'는 특히 눈에 띄는 프로그램 중 하나다. 청년 여성들이 농업과 농촌에 대해 이해하고 직접 살아보며 진로와 삶의 방향을 고민할 수 있도록 돕는다. "농촌도 나의 삶터가 될 수 있다"는 생각을 스스로 체험하며 깨닫게 되는 시간을 선사한다. 실제로 문경에서 3개월 시골살이를 체험한 K 씨 부부는 서울에서의 삶을 내려놓고, 오직 '다른 삶을 상상해 보기 위해' 프로그램에 참여했다. "4:1의 경쟁률을 뚫고 참여하게 됐어요. 두려움이 있었지만, 지금은 하루하루가 정말 선물 같아요." 한 유튜버는 지자체에서 매달 30만 원씩 지원받으며 25평 이층집에서 1년간 살아보는 중이다. 보증금 1,000만 원에 월세 60만 원, 이 또한 현실적으로 감당할 수 있는 조건이었다.

충남 부여군은 '청년 농촌 보금자리 마을'을 만들어 최대 10년간 거주할 수 있는 주거 공간을 제공하고 있다. 임대료는 월 10만 원대. 근처 스마트팜과 연계한 일자리도 마련돼 있다. 충남 공주는 신혼부부와 유자녀 가정에 '집을 지을 땅'을 무상으로 제공하며, 경남 강진은 상태별로 등급을 나눈 빈집들을 리모델링해 월 1만 원에 임대하고 있다. 충북 증평은 빈집을 '귀농인의 집'으로 탈바꿈시키고 있으며 선정된 가구엔 최대 4천만 원의 리모델링 비용을 지원한다. 빈집을 무턱대고 사서 리모델링하는 것보다 이런 '살아보기' 경험은 훨씬 현명하다. 시간도 절약되고, 비용도 아낄 수 있으며 가장 중요한 건 삶에 대한 확신을 얻을 수 있다는 점이다. 하지만 진짜 변화를 위해선 단지 정부의 정책이나 혜택과 함께 인식 변화가 필요하다. 모든 인프라를 다 누리며 '시골살이'를 하겠다는 건 욕심이다. 얻는 게 있으면, 잃는 것도 있는 법.

 삶의 방식은 단 하나로 정의되지 않는다. 도시가 전부도 아니고, 농촌이 정답도 아니다. 다만, 내가 조금 더 웃을 수 있는 곳. 내가 조금 더 나답게 살 수 있는 공간. 그게 어디든, 그 삶의 가능성을 '미리 살아볼 기회'가 이렇게 곳곳에 존재한다는 사실. 그것만으로도 삶이, 시선이 조금씩 넓어질 것이다.

#지자체에선 장려하는데 주민들은 왜?

 지자체들의 다양한 노력에도 불구하고 시골살이를 경

험한 이들 모두가 "좋은 경험이었다"고 말하진 않는다. '시골 인심'이 늘 좋기만 하다는 건 편견일지도 모른다. 실제로 일부 지역에선 외지인을 향한 텃세와 배척, 심지어 터무니없는 마을 발전 기금 요구가 존재한다.

한 부부의 이야기가 있다. 이들은 버려진 폐교를 리모델링해 2억 원을 들여 '체험학교'를 열었다. 그 공간엔 아이들이 놀고, 가족이 웃고, 마을에 온기가 돌기 시작했다. 그런데 어느 날, 교육청 직원이 찾아와 "한 달 안에 나가라"는 통보를 해왔다. 교육시설로만 사용할 수 있는 부지라며. 놀란 부부가 군청에 문의하자, "행정 실수였어요."라는 무책임한 말뿐. 며칠 뒤엔 철거업체가 들이닥쳤다. 결국 부부는 사비를 들여 행정소송을 시작했고, 다행히 승소했다. 하지만 상처는 쉽게 아물지 않았다.

2024년 2월, 경북 의성군으로 귀농한 한 29세 청년은 SNS에 이런 글을 남기고 스스로 생을 마감했다. "농촌에 정착해서 살고 싶었을 뿐인데, 농촌 사회 이면에 신물이 난다. 저는 여기까지가 한계입니다." 그의 고통이 고스란히 느껴지는 이 글은 귀농의 이면에 우리가 외면한 현실을 그대로 드러냈다. 의성군은 현재 전국에서 지방 소멸 위험지수 1위, 고령화율 1위인 지역이다.

기가 막힐 노릇이다. 시골살이를 원하는 사람들은 분명 존재하고, 지자체들도 그에 맞춰 손을 내밀고 있지만, 막상 손을 내민 사람들의 손목을 잡아당겨 꺾는 건 그 지역의 일부 주민들일 수도 있다는 사실. 그렇다면 질문은 이렇게 바뀌어야 한다. "우리는 정말 외지인을 환영할 준비가 되었는가?" 만약 외지인에 대한 갑질과 배척이 만연한 지역이라면 그곳은 안타깝지만, 소멸하는 게 맞다. 괜한 예산만 태우고, 마음 다친 사람들만 남기고 나서 '우리도 노력했는데 소용없더라'고 말해서는 안 될 것이다.

또한, 귀농·귀촌은 집이 있고 땅이 있다고 가능한 일이 아니다. 농사를 지을 수 있는 농경지에 대한 대여나 지원, 새로운 커뮤니티에 대한 시스템적 보호 장치가 훨씬 더 중요하다. 기존의 마을이나 집성촌에 생판 남인 사람이 들어간다는 건 생각보다 훨씬 큰 용기와 불안을 동반한다. '귀농인 단지'처럼 비슷한 시기의 이주자들이 모여 서로 의지하고 성장할 수 있는 환경 조성도 함께 논의되어야 한다. 마지막으로, 위기 상황에 보여주기식으로 땜질하는 행정은 결코 지역을 살릴 수 없다. 진짜 변화는, '정책'이 아니라 '사람'에서부터 시작된다. 외지인을 환영하는 사람, 받아들이는 공동체, 진짜 정을 나누는 이웃이 있어야 그곳은 비로소 새로운 삶터가 될 수 있을 것이다.

#5도 2촌 생활, 제2 거주지

주말이 되면 도시에서 시골로 '퇴근'하는 사람들이 있다. '5도 2촌'이라 불리는 생활 방식. 도시에서 5일, 농촌에서 2일을 보내는 이 새로운 삶의 형태는 단순히 농촌을 체험하려는 마음이 아니다. "내가 정말 살고 싶은 곳이 어딜까?" 그 물음에 정직하게 답하기 위한 시도다. 대전에 사는 B 씨는 금요일만 되면 충남 보령으로 향한다. 그곳에서 그는 밭을 일구고, 주말이면 바람과 흙, 그리고 하늘을 마주한다. 대구에서 직장 생활을 하는 C 씨는 금요일 저녁이면 가족과 함께 영천으로 향한다. 벌써 5년째. 아이들과 함께 밭일하고, 주말마다 수확한 작물을 정성스럽게 다듬는다.

이처럼 도시와 농촌을 오가는 삶을 실현하는 이들이 늘어나며 '복수 주소제'에 대한 이야기도 등장한다. 하나의 주소로는 설명되지 않는 삶. 도시에서 일하고, 농촌에서 쉬는 두 곳의 거주지를 동시에 가진 이들을 위한 제도다. 복수 주소제는 독일과 오스트리아에서는 이미 운영 중이다. 일상은 도시에서, 주말은 농촌에서 보내는 이들의 제2의 삶도 공공서비스와 지역 커뮤니티 혜택에서 차별 없이 보호받을 수 있도록 돕는다. 복수 주소지를 등록하면서 해당 지역에 일정 부분 지방세를 납부하는 방식으로 진행되며, 단순한 명의 등록이 아니라 체류 시간의 증대와 지역 기여의 가능성을 높이기 위한 시도다. 이 방식은 귀촌이나 완전한 이주보다 훨씬 현실적인 대안이 될 수 있다. 농촌을 겪어보며 시행착오 없이 천천히 정착을 준비할 수 있는 시간, 그게 바로 '두 번째 주소'가 주는 여유다.

일본 역시 '두 지역 거주제'를 법제화하려는 움직임을

보인다. 인구 감소와 지방 소멸이라는 동일한 고민 속에서 더 많은 사람들이 지역에 발을 들일 수 있는 제도적 기반을 다지는 중이다. 물론 실효성에 대한 우려는 존재한다. 실제 거주 여부에 대한 논란, 이를 악용한 행정 서비스 남용, 그리고 특정 지역 쏠림 현상 등이 이에 해당한다. 하지만 이것은 제도의 설계와 운영 방식에 따라 충분히 조정 가능한 부분이다. 예를 들어, 복수 주소제는 전국 단위가 아닌, 인구 소멸 위험 지역부터 시범적으로 도입하는 것도 하나의 해답이 될 수 있다. 삶의 방식은 변하고 있다. 이제는 한 곳에서 평생을 보내는 시대가 아니다. 두 곳 이상에서 자신만의 균형을 찾는 사람들. 그들은 '귀촌'이나 '이주'가 아닌 삶의 속도와 방향을 조절하는 법을 택한 사람들이다. 가장 중요한 건 '어디에 사느냐'보다, 그 삶이 나에게 진짜 숨 쉴 틈을 주는가다. 그래서일까, 도시에서 일하고 농촌에서 쉬는 이 단순한 구조 속에, 우리가 잊고 있던 삶의 균형이 있다.

#결국 어디에 가치를 두느냐

　아무리 좋은 정책이 나와도 늘 반대의견은 존재한다. 각자 중요하게 여기는 기준이 다르기 때문이다. 누군가는 아이의 미래를 위해 사교육이 절대적이라 믿고, 또 다른 누군가는 아이는 자연에서 마음껏 뛰어놀아야 한다고 믿는다. 누군가는 '죽어도 서울'을 외치고, 또 다른 누군가는 그 답답한 도심을 벗어나고 싶어 안달이 난다. 이건 누가 맞고, 틀렸다는 문제가 아니다. 다만, 우리가 서로의 입장을 '내 주장'이라는 방패로만 내세우고 있다는 사실이 문제일 뿐이다.

　농촌을 살리기 위한 지자체들의 노력에 누군가는 응답한다. 도시 생활을 접고 기꺼이 삶의 터전을 옮기는 이들이 있다. 누군가는 경제적 어려움과 예상치 못한 상황에 상처받고, 누군가는 새로운 커뮤니티에서 뜻밖의 행복을 발견한다. 그 모든 경험이 현실이다. 그리고 이건 비단 농촌만의 이야기가 아니다. 현재 서울을 제외한 거의 모든 지역이 인구 소멸 위기에 놓여 있으니까. 그렇기에, 이건 단순한 지역 문제도, 한 사람의 선택 문제도 아니다. 지역을 살리고, 균형을 맞추고, 삶의 다양성을 지켜내기 위한 대한민국 전체의 문제다. 이제는 정책이 얼마나 효과적인지, 실제로 누군가의 삶을 움직이고 있는지에 대해 우리 모두가 관심을 가져야 할 때다.

오늘은, 참 우스운 생각이 들었다. 배추 농사를 짓는 분들은 1포기에 2천 원도 채 받지 못한 채 공판장에 넘기고, 그 배추는 중간 유통을 거쳐 2만 원에 팔리는 비정상적인 구조 속에서, 내가 과연 뭘 기대하고 있으며, 이 책을 왜 쓰고 있는 걸까. 순간 그런 생각이 들었다. 사실, 아직도 잘 모르겠다. 그저 지금은, 100% 투명함은 기대하지 못하더라도, 내가 사는 대한민국이 조금은 더 나아졌으면 좋겠다는 마음. 이 멋진 국민들이 살아가는 이 나라에서, 답답하리만큼 가득한 안개가 조금씩 걷히길 바라는 마음. 그리고 무엇보다, 서로의 삶과 가치를 존중해주는 세상이길 바라는 마음이 존재하는 것 같다. 지금, 이 순간을 지나 내가 사는 곳이 어디든, 내가 보내는 시간이 후회로 남지 않기를, 그저, 진심으로 바랄 뿐이다.

에필로그:
서울이 아니어도 괜찮아, 정말로

우리에게 정말 중요한 건 서울에 살고, 지방에 사는지가 아니다. 이 책을 집필하며 더 현실적으로 다가왔다. 나는 단지 이 책으로 인해 지방에서도 충분히 행복한 삶을 꾸려나갈 수 있다고 이야기하고 싶었다. 내가 아무리 떠들어댄다고 해도 정책을 바꿀 순 없다. 그저 내가 경험해 본 그대로의 날것을 공유하는 이야기, 어디서든 충분히 행복할 수 있다는 메시지를 전하고 싶었다.

어릴 땐 그저 돈이 많은 어른이, 좋은 집에 사는 어른이,

부를 이룬 어른이 부러웠다. 누구든 상처 하나쯤은 안고 살아간다는 말이 와닿지 않던 시절이 있었다. 상처도 돈으로 치유할 수 있다고 믿던 어리석은 시절이 있었다. 나에게 없는 걸 가진 이들을 부러워하며 귀중한 청춘이라는 시간을 흘려보냈다. 하지만 지금은 안다. 내가 가지고 있는 이것조차도 부러워하는 누군가가 있다는 사실을, 생각보다 난 귀하고 소중한 것들을 많이 가지고 있음을.

나의 일상은 꽤 많은 순간이 불안했고, 사실 지금도 불안과 함께 동행하지만 내가 쉬는 공간인 집에서만큼은 불안해지고 싶지 않다. 또한 그 집이 불안의 이유가 되길 바라지도 않는다. 지금 당장 대한민국의 지방 소멸, 인구 소멸의 현실은 발등에 떨어진 불과 같은 문제이지만 이 문제는 단순히 국가만을 탓하기 전 개개인의 인식부터 변화되어야 한다. 물론 지방의 교육과 의료, 문화 인프라 등 많은 부분이 개선되어야 하지만 개인들 또한 이런 변화를 받아들일 준비가 되어 있어야 하며, 우리부터가 지방에서도 충분히 발전하고 행복할 수 있다는 인식을 갖는다면 이는 자연스럽게 기업과 정부의 관심과 지원으로 이어질 것이라 믿는다.

또한, 각 지자체는 지역의 역사, 문화, 자연 등 각 지방의 가치에 대해 다시 한번 되짚어보길 바란다. 인간관계에서의 문제가 생겼을 때 남보다 내 안에서 문제를 찾는 게 가장 빠른 해결 방법이듯, 지방 소멸 문제해결의 시작 역시 각 지역에서부터 출발 되어야 할 것이다. 그 첫 발걸음은 지역의 고유한 가치와 자원을 재평가하는 것에서부터 시작되어야 하며, 지속 가능한 정체성이 없다면, 혹은 지역의 가치를 명확하게 인식하지 못한 채로 그에 맞는 정책 수립과 예산이 효율적으로 배분되지 못하고 있다면 이는 지방 소멸에 대한 극복보다 그저 담담히 받아들여야 할 지역이라 보는 게 맞을 것이다. 지역민들이 다시금 살고 싶지 않은 지역이라면 외부인들은 기대조차 해선 안 될 것이다.

인구 감소는 사실 예견된 일이었다. 고성장 시대에서의 인구와 저성장 시대의 인구는 다를 수밖에 없고 앞으로도 인구는 계속해서 줄어들 것이다. 하지만 '소멸'은 얘기가 다르다. 지금 현실을 진단하고 미래를 대비하지 않는다면 우리는 소멸이라는 단어와 더 빨리 마주할 것이다. "나 사는 동안은 아니니까 괜찮아."라고 넘겨버리기엔 이미 늦은 어른이 되어버렸다. "될 대로 돼라."라고 치부하기엔 우리나라는 너무나도 아름다운 나라다.

얼마나 더 대단하고 특별하게 살아야 하는 것일까? 살아보니 행복과 낭만, 가치, 사랑 등 대단해 보이는 단어들은 딱히 대단한 것들이 아니었다. 그것들은 그저 묻고 건네는 한마디, 누군가를 위하는 마음, 따뜻한 이야기, 반복되는 일상에 늘 나와 함께 자리 잡고 있었다. 우리 삶은 대단한 것들로만 채워지지 않아도, 모든 것이 완벽하지 않아도, 충분히 의미 있고 행복할 수 있다. 하지만 그건 우리가 어떤 순간에서 어떤 의미를 찾고, 작은 것들에서도 기쁨과 의미를 발견할 수 있는지를 느꼈을 때 가능한 이야기다.

치열하고 각박한 세상 속에서 고군분투하는 지금의 세대들은 아마 끝도 없고 어두운 우주에 홀로 덩그러니 놓인 느낌이 아닐까. 정작 우리가 살고 있는 아름다운 지구, 그 어딘가에 존재하는 현재의 내 모습을 생각하고 매일매일 웃기엔 아직 나의 세상은 어둡다고 느껴지진 않을까. 우리부터가 진정한 행복과 기쁨의 의미를 찾고, 그 방법을 미래 세대에게 알려주지 않는다면 그들의 어둠은 길고 길 것이다.

나는 앞으로도 지방에서도 아주 행복하게 잘 살아갈 수 있다는 이야기를 전할 것이다. 또한, 나는 앞으로의 남은 인생만큼은 누군가 세워놓은 줄, 그 어디에도 서지 않을 것이다. 나만의 길을 걸어가며 그 길에서 발견한 빛을 다른 이들과 나누며 그 과정에서 내 삶도, 또 다른 누군가의 삶도 잠시라도 빛난다면 완벽한 인생을 살아가진 못했더라도, 실패한 인생을 살아왔다고 말할 수 없을 것이다. 그저 그렇게 살고 싶다.

누군가 이 책으로 인해 당장 서울에서 지방으로의 삶을 선택하고 움직이길 바라지 않는다. 다만 '상경(上京)'이라는 단어가 깊이 뿌리내린 우리의 인식에 이제는 변화가 필요함을 알았다. 우리에게 필요한 건 너, 나 할 거 없는 무조건적인 '상경(上京)'이 아니라 서로를 존중하는 '상경(相敬)'이다.

참고문헌 및 자료

- 마스다 히로야 <지방소멸>, 와이즈베라 출판사 (2015년)
- 통계청, 국내인구이동통계 (2024년 10월)
- 박형준 부산시장, '고래모델', '아귀모델' 눈길, 부산일보 (2024년)
- Jobkorea, 연봉 인상 만족도 조사 (2024년)
- Mercer, 2023년 도시 생활비 조사 (2023년)
- ECA 인터네셔널, 세계 주요 도시 생활비 보고서 (2023년)
- KOSIS(국가통계포털), 24. 7월 말 전국 미분양 주택 현황(2024년)
- 행정안전부, 2023년 12월 31일 기준, 행정안전통계연보 (2024년)
- KOSIS(국가통계포털), 맞벌이 가구 지표 (2023년)
- Top class, 지역의 보석을 캐는 출판사 (2016년)
- 이데일리, 제주 빈집 고쳐 숙소로 혁신 '다자요' 생존기 (2023년)
- 그린대로, 대한민국 귀농귀촌 대표 포털
- 경북매일, '5도2촌'을 즐기는 사람들 (2024년)
- KOSIS(국가통계포털), 장래인구추계 (2024년)
- KBS, 대한민국 인구소멸 보고서 (2024년)
- OECD(경제협력개발기구), 한국경제보고서 (2022~2024년)
- KOSIS(국가통계포털), 초중고 사교육비 조사결과 (2023년)
- KOSIS(국가통계포털), 한국의 사회지표 (2023년)
- 경기연구원, 수도권 통행량 및 네트워크 자료 (2019~2022년)
- 고용노동부, 사업체 노동력조사 지역별 임금 부가조사 (2023년)

서울 해방일지

© 김명주 2025

1판 1쇄 인쇄 | 2025년 5월 14일
1판 1쇄 발행 | 2025년 5월 28일

지은이 김명주

펴낸이 김리온
펴낸곳 도서출판 아빠토끼
출판등록 제2025-000105호
주소 서울특별시 강서구 마곡중앙4로 22, 파인스퀘어 B동 2층

책임편집 단홍빈
표지 디자인 유소영
내지 디자인 VUE
마케팅 최은경
제작처 정민문화사

이메일 hi@paparabbit.co.kr
인스타그램 @paparabbit_books

ISBN 979-11-992663-0-8 03810

- 이 책의 저작권은 저자와 도서출판 아빠토끼에 있으며,
  무단 전재 및 복제를 금합니다.
- 잘못된 책은 구입하신 서점에서 교환해 드립니다.